鳥居本幸代

京都人のたしなみ

春秋社

はじめに

京都には年間五五〇〇万人もの観光客が訪れますが、その観光ブームの始まりは江戸時代後期にさかのぼります。当時は、大名をはじめ庶民にいたるまで、信仰目的以外、物見遊山の自由な旅行は禁止されていましたので、彼らは寺社参詣を建前にした「京都観光の旅」を計画したのでした。

かの貝原益軒（一六三〇～一七一四年）は、二四度も来京して知見を広め、『京城勝覧』には一七日間で一〇〇の社寺を巡るモデルコースを紹介しています。七〇歳の時には、妻を伴って一年間も滞在したといいますから、よほど京都に魅了されたのでしょう。

その後も、本居宣長（『在京日記』を著す。一七三〇～一八〇一年）や、曲亭馬琴（滝沢馬琴ともいい、『羇旅漫録』を著す。一七六七～一八四八年）なども京都を訪れ、寺社巡りはもちろん、年中行事なども体験し、旅行記録を残しています。なんともすごいことですね。

本書は、そんな魅力がつきない京都を、京都人ならではの視点から、三つのキーワード――「味わう」「装う」「逍遙する」――から解き明かすことを試みました。

そのさわりをちょっと申し上げれば、「味わう」の章では、高級料亭の「ハレ」のご馳走ではなく、日常生活で口にしている「ケ」の家庭料理や、ぐじ・鱧《はも》・鯖《さば》など独特の魚料理、西京《さいきょう》味噌や昆布出汁《だし》にこだわることなど、京都人の細やかな味覚と味わいについて探りました。

さらに、京料理の本場に住みながら、パンや牛肉も大好きという京都人の食文化の謎にも迫っています。案外、京都人は「新しもん好き（新しいものが好き）」なのです。

つづく「装う」の章では、キモノに対する美意識について解き明かしました。十返舎一九は『東海道中膝栗毛』のなかで、商人たちの美しい装いを「京の着倒れ」と評していますが、やがてそれは、財産をなくすほどの「キモノ道楽」であると解釈されるようになったようです。

しかし、美術工芸品ともいうべき西陣織や友禅染などの価値を知っている京都人は、とてもキモノを大切に扱っています。悉皆屋《しっかいや》さんと呼ぶキモノを総合的にメンテナンスしてくれるお店もあり、それらを上手く利用して、親・子・孫へとキモノを何世代にも受け継いでいる、そんな京都人の智恵があるからなのです。

最後の「逍遙する」の章では、平安京の名残りある町並みに点在する洋風建築など、異風な景色に着目してみました。たとえば、明治時代前期、名刹・南禅寺境内に築かれた赤レンガ造りの水路閣は、琵琶湖から水を引くための水路として造られたもので、それ自体は「洋風」でありながら見事に周囲の景観に融け込んでいます。

その水路を通して広く京都の人々は、琵琶湖疏水という水の恩恵にあずかることになりました。東京遷都で廃れかけた古都・京都を活性化させるために、いとわぬ努力を払った京都人の気概が感じられます。

本書を通して、少しでも京都人の生活・美意識・気質、そして、そこに息づく文化的伝統などを知っていただけたなら、もっと、もっと、京都を楽しむことができるのではないでしょうか。一人でも多くの方々に手にとっていただけますなら、ありがたいことと思います。

本書は、今年創業一〇一年を迎えるという東京の老舗出版社から刊行されます。新しい年の始めに重ねて、うれしくよろこばしいことと思います。

最後になりましたが、写真撮影にご協力いただいた写真家打田浩一氏、ならびに、春秋社会長神田明氏、社長澤畑吉和氏、編集取締役佐藤清靖氏、編集部の手島朋子さんに心より感謝申し上げます。

平成三十一年正月

鳥居本幸代

京都人のたしなみ

目次

第Ⅰ部　味わう

第Ⅱ部
装う

京都人のたしなみ

第Ⅰ部

味わう

①お弁当で本格的な京料理

京都の老舗料亭は格式が高く、「一見《いちげん》さんお断り」といって、紹介者がなければ利用できないと、多くの人に信じ込まれているようです。

しかし、近頃は老舗料亭といえどもホームページを開設し、お品書き、お値段までを明確にするなど、敷居も低くなりつつあります。

さらに、ホテルやデパートの飲食街に出店している料亭も多く、ランチタイムにはリーズナブルなお値段で、老舗の味と雰囲気を味わうことができます。「松花堂弁当」と名付けられたお弁当は、その代表格です。

松花堂弁当は正方形の蓋付きの弁当箱で、京都・石清水八幡宮の社僧であった松花堂昭乗《しょうかどうしょうじょう》（寛永の三筆の一人。一五八四〜一六三九年）が、煙草盆や絵の具入れとして愛用した箱に由来しています。

内側を十字に区切った四つ切り箱は、もとは農家で種入れとして使われていたそうですが、茶の湯や書画に精通した昭乗ならではの侘びた使い方ですね。

煙草盆は、昭乗の住坊・瀧本坊に因んで「瀧本好み」と江戸時代の茶会記に記されるほど、茶人のあいだでは知られる存在になっていたようです。

この箱をヒントに、昭和八年（一九三三）頃、高級料亭「吉兆」の創始者・湯木貞一が春慶塗りの蓋付き弁当箱として調製し、茶会の点心《てんしん》（軽食）に用い、松花堂弁当と名付けたのでした。

稀代の料理人・湯木貞一は、この風雅な器を弁当箱とするだけでは飽き足らなかったようで、昭和一一年（一九三六）二月二〇日の大阪毎日新聞に「洋食・和食を通じてこの頃、前菜時代

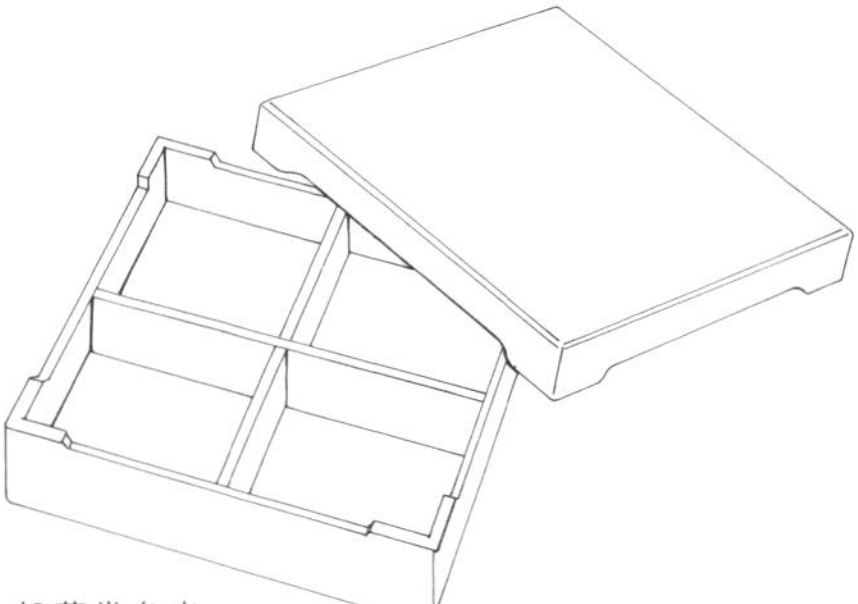

松花堂弁当

『都林泉名勝図会』昭乗の庵

です」という記事のなかで、

「本当の日本料理の建前からいえばオードブルはあくまで一品主義でありたいもので……もっとも一品だけであまりに淋しいという場合、趣味のある容器、たとえば松花堂が薬箱に使ったという春慶塗の蓋ものなどに、昨今だと小鯛の塩辛、若鮎の黄身ずし、嫁菜の浸し、蛤《はまぐり》田楽などをとり合わせオードブルのセットがわりに出すなどといった方法がいいと思います」

と述べ、前菜を盛り込む器として活用することを模索していたようです。

さて、松花堂弁当の中に詰めるお料理については厳格な決まりはないのですが、刺身、焼き物、だし巻、炊き合わせなどが、色とりどりに盛りつけられています。

そして、弁当の内側が十字に区切られていることで、食材同士の味や香りが移らず、美味しくいただくことができるのです。この利点を見抜いた料理人の着眼点には、脱帽というほかありません。

お弁当とはいっても、季節の素材を生かす京料理の真髄は守られ、ご飯も春は筍ご飯や豆ご飯、秋は松茸ご飯というように、季節の変わりご飯が彩りを添えています。

このようなお弁当は、「仕出し」という京都独特のケータリング・システムによって、慶事、凶事、来客など、さらには茶会の点心など幅広く利用され、客席を持たない仕出し専門の料理屋もあるほどです。

仕出し弁当を注文すると、注文主と料理人のコミニュケーションによって、お弁当の用途、注文主の趣向、さらには好みの味に合わせたオリジナル弁当が調製されるのです。
また、最近ではデパートの食料品コーナーにも老舗料亭の折詰弁当が販売されていますので、京料理を手軽に味わうことができますよ。

◆行ってみよう　松花堂庭園・美術館（八幡市八幡女郎花四三番地一）

Column

京のだし巻

京都の「だし巻」は、溶き卵に薄口醤油などで調味した昆布出汁《だし》を加えて焼いたもので、焼き上がった後、巻き簾《す》で巻いて形を整えるのが特徴です。ふわふわした食感は、鶏卵と出汁の比率によって生まれ、卵と出汁が三対一なら固めのものが、二対一にすると柔らかめのものが仕上がります。

お弁当に入れる場合は、出来上がりから食べるまで時間の経過がありますから、水溶き片栗粉や葛粉を入れて出汁が卵から出ないように工夫しています。

② 若狭の「ぐじ」と京都人

京の魚料理のご馳走といえば、「ぐじ」をおいて他にありません。京都では赤甘鯛のことを「ぐじ」と呼んでいますが、大阪では角張った頭の形状から「屈頭魚《くずな》」と称し、それが転訛して「ぐじ」というようになったといわれています。

さて、「ぐじ」は一一月から四月に旬を迎え、南日本の各地で漁獲されます。京都では丹後の海で獲れたものよりも、古来、海から遠い都人の食卓を賑わせていた若狭（現・福井県）の海で獲れたものこそが珍重されます。それは、「若狭ぐじ」と呼ばれ、京料理の最高級食材と位置づけられているのです。

「ぐじ」は美しいピンク色の魚体をした身の柔らかい白身魚で、癖のない淡泊な味が特徴ですが、なかなか扱いが厄介なのです。

捕獲の際には、身を痛めないように、網や竿を使わない底延縄《そこはえなわ》漁法を用い、獲れたての「ぐじ」を面割りにして塩でしめ、身がこすれ合わないように細心の注意を払って運搬されるのです。なんてデリケートなお魚ではありませんか。

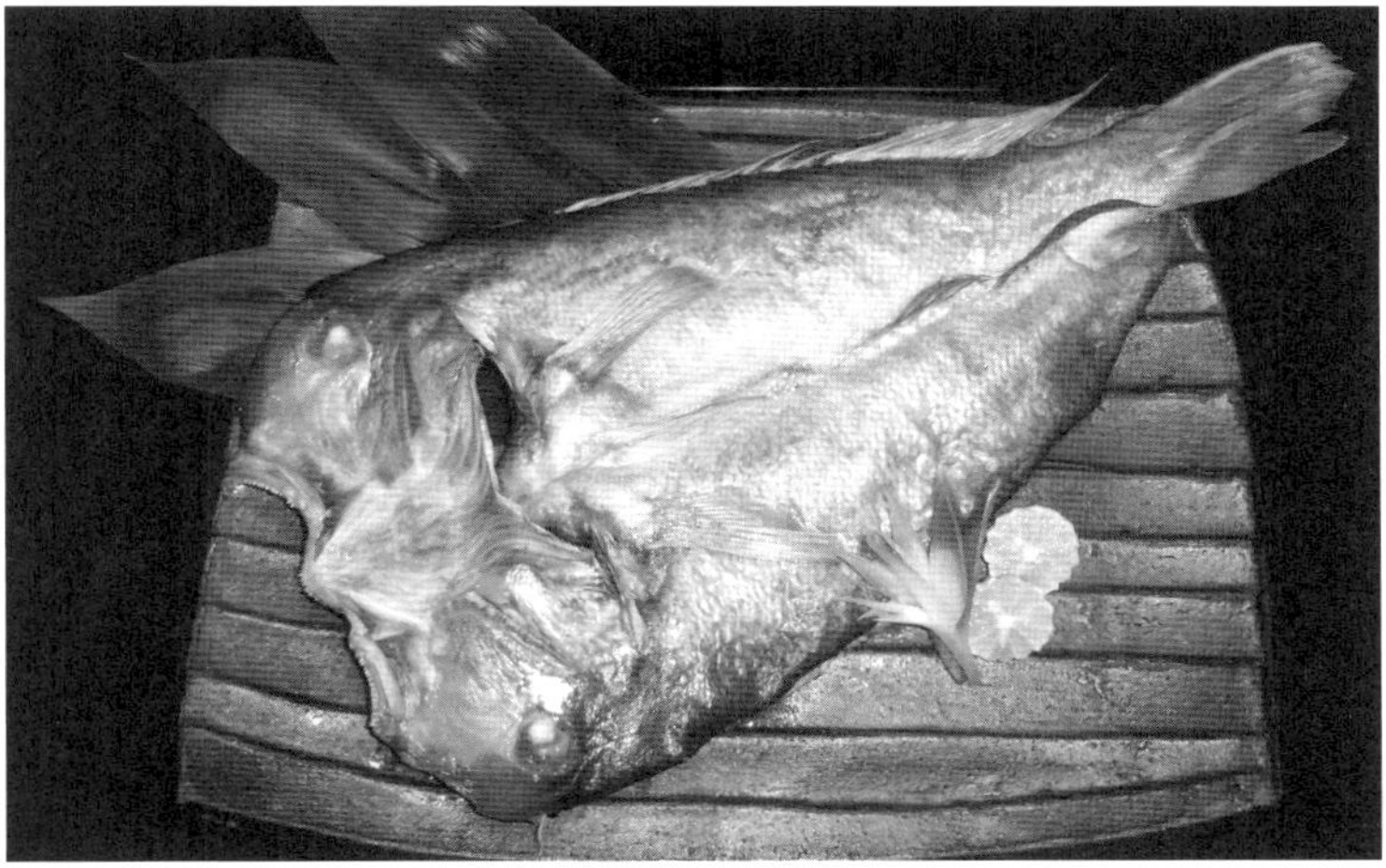

ぐじの若狭焼き

調理に際しては柔らかい身を崩さないようにするのが難しく、料理人の腕前が問われる魚であるとさえいわれています。

たとえば、焼き魚にするときは、わざと鱗《うろこ》をとらずに焼き上げます。すると、きめ細かく並んだ鱗の美が引き立ち、さらに身も崩れず、一石二鳥というわけなのですが、焼き上がりに一時間以上もかかる手間ものです。これを「若狭焼き」といい、味はもちろんのこと、見た目も美しい仕上がりとなります。

鱗ごと食べるのが洒落た食べ方で、美食家・北大路魯山人（一八八三〜一九五九年）も、「ぐじは鱗ごと食うところに風情がある……（静岡県の）興津《おきつ》鯛を鱗ごと焼いて出されたことがあるが、これは猿真似で大きな失敗である。……若狭ぐじは、このようにしゃれた食い方になっている」と絶賛した若狭焼きは、鱗がパリパリと香ばしく、驚くほど美味しい一品です。

ちなみに、興津鯛は『甲子夜話《かっしやわ》』（平戸藩主松浦静山《まつらせいざん》著。一八二一年起稿）によりますと、徳川家康が駿府《すんぷ》城を居城としていたころ、興津の局《つぼね》が宿下がりの土産として甘鯛を献上したところ、家康は舌鼓を打って美味しく食し、以後、興津鯛と呼ぶようになったと伝えています。どのように調理したのかは不明ですが、家康好みの興津鯛も若狭ぐじには、到底、敵わなかったようですね。

さらに、「ぐじ」を冬の京野菜のひとつ聖護院蕪《かぶら》とコラボレーションさせた料理に「ぐじの蕪蒸し」があります。聖護院蕪を丹念に摺り下ろし卵白を混ぜ、「ぐじ」の上にかけて蒸し上げ、葛餡をかけたものです。

真っ白な蕪が淡雪のように美しく、葛餡の上に添えられたワサビが味を引き締めます。あつあつの「ぐじの蕪蒸し」をフウフウしながら口に入れると、身も心も温まり、底冷えのする京都の冬には欠かせない逸品です。

また、京名産の西京《さいきょう》味噌（白味噌）に漬け込んで焼いた「西京焼き」は、鮮魚の供給が容易ではなかった頃、京の料理人が美味しい魚料理を提供するために凝らした、創意工夫の結晶だといえます。

Column

新鮮なお魚が手に入る錦市場

京都では美味しく、新鮮な魚を手に入れたい時は「錦市場」に出かけます。錦市場は京都市中京区のほぼ中央に位置し、東西を貫く錦小路通り約三九〇メートル（道幅三・三メートル）の間に、一三〇ほどの店舗がひしき合って軒を連ねる食料品中心の商店街です。

京都人には単に「にしき」と呼ばれ、食材なら何でも揃うことから「京の台所《だいどこ》」といわれていますが、その発端は一七世紀初頭の魚市場の開業にさかのぼります。

買い物客でにぎわう錦市場

３　鱧を食して夏を乗り切る

真夏の京都は、兎にも角にも蒸し暑く、サッパリした料理が好まれます。夏の京料理の素材は一も二もなく鱧《はも》で、ほかには見あたりません。

鱧は鋭く尖った歯を持った狂暴な顔立ちの魚で、体長一～二メートルもあります。咬みつくことから、「食《は》む」といわれ、それが訛《なま》って「鱧」になったといわれています。

しかしながら、鱧は外観からは想像もつかないほど、クセのない淡泊な味で、七月に旬を迎え、京都では祇園祭（七月一日～三一日）のころに食卓にのぼることから、祇園祭は別名、「鱧まつり」とも言われています。

鱧は焼き物、おとし（湯びき）、鱧ちり、鱧ずし（鱧の蒲焼きを用いて、棒ずし、あるいは、押しずしにしたもの）など、さまざまな料理法があります。

しかし、鱧は小骨が多く、専用の包丁を用いて「骨きり」をしなければならないので、到底、素人の手に負える魚ではありません。

「骨きり」とは、腹開きにした鱧の皮をおとすことなく、骨だけに切れ目を入れることで、「鱧の骨切り、手並みのほどを見届けん」といわれるほど、京都の料理人の腕の見せどころといわれています。ちなみに、「一寸（約三センチメートル）につき二六筋」の包丁の刃が入れられるようになったら、一人前だそうです。

「骨きり」の考案によって、小骨を気にせずに鱧が食べられるようになったのですから、京都の料理人の功績は大きいですね。

「骨きり」は江戸時代後期には行われていたようで、寛政六年（一七九五）刊行の『海鰻《はむ》百珍』にも記され、兵庫の海で捕れた鱧は絶品であるとも述べられています。

こんなふうに下ごしらえに手間のかかる魚ですが、錦市場などの鮮魚店では骨きりをした鱧が販売されていますので、家庭料理としても使用できる食材となっています。

たとえば、鱧を湯びきしたあと、冷水に取ってひやしたものを梅肉や酢味噌でいただく、「鱧のおとし」は本当にサッパリした涼感あふれる料理です。

文豪・谷崎潤一郎も鱧が大好物だったようで『過酸化マンガン水の夢』に、

「せめて近々東京へ出て辻留の牡丹鱧を食べたいと此の間より云い暮らしていたのであった。牡丹鱧とは鱧の肉を葛にて煮、それに椎茸と青い物を浮かした辻留得意の吸物椀にて、日本料理の澄まし汁としては相当濃厚で芳潤な感じのものなり」

と記しています。

吸い物の「牡丹鱧」も、鱧のおとしと同様に茹《ゆ》でる料理ですが、葛粉《くずこ》をまぶして茹でるのがミソなのです。葛粉をまぶすことによって、少しとろみがついて鱧の身が、まるで白牡丹のように美しく広がるからです。

さて、「京都の鱧は山で獲れる」という言葉があります。兵庫の海で捕獲された鱧は「山崎の戦い」で有名な天王山を越えて運ばれてくるのですが、この山越えの途中、荷くずれを起こして鱧を落してしまい、慌てて拾い集めたそうです。けれども、拾い忘れた鱧があったようで、地元のお百姓さんが見つけて拾ってみると、まだ、生きていたといいます。凄い生命力なのですね。

一般に、夏バテといえば鰻といわれますが、京都人は、生きたまま長時間の輸送にも耐えられる強い生命力をもつ鱧こそ、夏バテ防止に最適な魚と考えたのでした。

京都人好みのあっさりしたお味、何ともいえない骨の食感もあり、夏の疲れを癒やしてくれるのですから、まさに一石二鳥のお魚なのですね。

Column

祇園祭の花・ヒオウギ（檜扇）

祇園祭のころになるとヒオウギという夏咲きの宿根草が、生け花の花材とされます。斑点のあるオレンジ色の六弁の花よりも、厚みのある剣状の長い葉が愛でられ、幾重にも重なる様子が平安貴族が所持した檜扇（檜の薄板を綴り合わせた扇）を広げたようにみえることから、このように名づけられました。

貞観一一年（八六九）、都に猛威をふるった疫病の退散を祈願した「祇園御霊会《ごりょうえ》」を起源とする祇園祭には、厄よけの祭花として用いられています。古来、扇によって悪霊を追い払ったともいわれ、祇園祭にヒオウギを生けるのも、それにならったものでしょう。秋には真っ黒な種が実を結び、射《ぬ》干玉《ばたま》あるいは烏羽玉《うばたま》と呼び、『万葉集』には夜・夕・髪にかかる枕詞として詠まれました。

ヒオウギ

④ 京都の鯖ずし

京料理において、ぐじや鱧は高級魚ですが、青魚の鯖《さば》は鰯《いわし》や秋刀魚《さんま》などとともに、古来、下魚《げざかな》、つまり下等な魚として扱われてきました。

それは、独特の生臭さが一因ではないかと考えられます。たとえば、一三世紀初めに成立した『古事談《こじだん》』（鎌倉時代初期の説話集。源《みなもとの》顕兼《あきかね》編）には、「鯖は賤しい魚であるけれども、時として胡椒をぬって生臭さを消して、貴人の膳に供された」と、尊い身分の人が口にするような魚ではなかったが、胡椒をぬって臭味を消して供したと記しています。

鯖は日本近海で一年中、捕れる大衆魚ですから、家庭料理の食材として活用範囲も広いのですが、煮付けにする場合には、味噌や醤油、みりんなどの調味料のほかに、ショウガや梅干しを加えて臭味を消す工夫をします。

ところが、京都では、鯖を寿司のタネにすると、俄然、グレードアップした料理に変身します。それが鯖ずしで、酢飯の上に〆鯖（鯖を酢で締めたもの）をのせ、巻き簾《す》で巻き、羅臼《らうす》昆布などの柔らかい昆布を載せ、竹の皮で包んだ棒寿司です。

鯖ずしは家庭料理の一つでもありますが、神社のお祭りなどには欠かすことのできない、ハレの日の料理ともいえます。京都には鯖ずしで有名なお寿司屋さんもあり、季節を問わずに美味しい鯖ずしを賞味することができます。

この鯖ずしに用いる鯖は、若狭の海で水揚げされた「一塩もん」でなければなりません。京都人は「ぐじ」と同じく、若狭の鯖は高級ブランドと評価しているのです。

近年、豊予《ほうよ》海峡（大分市佐賀関）で獲れる「関さば」が美味しいと評判になっていますが、京都人にとって「若狭の鯖が一番」との価値観は揺らぐものではありません。というのも、若狭から荷車で鯖を運搬していた昔、一八里の「鯖街道」を通って京の都に到着したころには、ほどよい塩加減になって、一層、美味しさも増していたからです。

鯖街道は若狭国小浜藩（現在の福井県嶺南地方）と、京都を結ぶ街道の総称です。主に魚介類を運搬する物流ルートで、「京は遠ても一八里」といわれるように、高野川と鴨川の合流点である出町《でまち》まで約七〇キロメートルの道程でした。

与謝蕪村は「夏山や　通ひなれたる　若狭人」と、若狭の魚を運搬する人々の様子を詠じています。

若狭出身の作家、水上勉も『京都花暦』のなかで、鯖ずしの美味しさについて、

「くるんだ昆布も厚いが、魚肉の分厚さは半端ではない。脂肪の多い、青い皮の部分と、いくらか淡泊な白身の部分。一本の棒鮓の中に必ず双方が適量に混じり、昆布のエキスを移り香として吸い取っている」

と、京都の鯖ずしの特徴である肉厚の鯖と、厚い昆布のハーモニーを感銘深く物語っています。若狭の鯖と北海道産の昆布の相性は絶品なのです。この組み合わせを生み出した京都の寿司職人のアイデアには頭が下がりますね。

Column

鯖ずしとバッテラの違い

大阪に、〆鯖をタネにした「バッテラ」という、すしがあります。京都の鯖ずしが棒寿司であるのに対して、木型を使って調理された箱寿司であるという点にちがいがあります。さらに、白板昆布を鯖の上にのせるのも、バッテラ独特です。

もとは、大阪湾でたくさん獲れた「このしろ（コハダの成魚）」を用いていましたが、いつの頃からか鯖で代用されるようになったのです。

形状が小舟のようであったからともいわれ、ポルトガル語で小舟を意味する「バッテラ」となったそうです。鯖ずしとバッテラの見分け方は、断面が鯖ずしは丸味があること、バッテラは長方形を呈していることです。

鯖寿司

⑤ お豆腐は水がいのち

京都の豆腐は、やわらかくて美味しいといわれます。

江戸時代には京北今宮（現・京都市北区紫野にある今宮神社）の門前で売られた「今宮の砂田楽」、祇園・二軒茶屋の「祇園豆腐」、そして南禅寺の「湯豆腐」が有名になっていました。「祇園豆腐」については『雍州府志《ようしゅうふし》』（黒田道祐著。一六八二年起稿）に、「豆腐を竹串に刺して味噌や味噌汁をつけて焼いた田楽は絶品である」と賞賛され、地唄「京の四季」にも「二本ざしでも軟かう、祇園豆腐の二軒茶屋」と謡われ、江戸や大坂にも祇園豆腐の看板を挙げた店が登場するほど大流行しました。

さて、南禅寺の湯豆腐は、今日のガイドブックにあたる「名所図会《ずえ》」にも紹介されるほどで、南禅寺総門の外には、江戸時代以来の湯豆腐店が今もお店を構えています。

寛政一一年（一七九九）に刊行された『都林泉名勝図会』には「名物　南禅寺前　湯葹腐店《ゆどうふ》」として丹後屋が紹介され、店頭を行交う参詣者に向かって客引きをする女子衆《おなごし》、店内では湯豆腐に舌鼓を打つ者たちが描かれています。

『都林泉名勝図会』南禅寺

また、『花洛名勝図会』（一八六四年刊行）にも、「丹後屋の湯豆腐は、いにしえよりの名物にして旅人かならずこれを賞味し……」と記され、江戸から長崎まで旅をした大田蜀山人（狂歌師・戯作者。一七四九〜一八二三年）も京名物にあげるほどになりました。

なぜ、それほど京都のお豆腐は美味しいのでしょうか。その秘密は水にあります。豆腐の成分の八八パーセントは水ですが、その製造工程でも、大豆を浸しておく「つけ水」に始まり、「注ぎ水」、「仕掛け水」、「さらし水」に至るまで、大量の水を必要としているのです。

京都は、二つの大きな水甕《みずがめ》を持っています。一つはいうまでもなく琵琶湖ですが、もう一つは京都盆地の地下深くに眠る地下水の存在で、この地下水のおかげで美味しい豆腐ができあがるのです。

京都盆地は南を除く三方を山に囲まれ、北から南へと傾斜し、南北の標高差は約五〇メートルにもなっています。この特異な地形は山々からの湧き水、雪解け水、そして地下水などを地下深くに溜め込む自然の要塞となり、ある研究機関の調査によると、琵琶湖に匹敵するほどの水量を蓄えているとのことです。

しかも、その水の出口は天王山（大山崎町）と男山（八幡市）の間の一ヶ所だけ。大正末期には大山崎の地にウィスキー蒸留所が建設され、この良質の水を利用して国産初のウィスキーが誕生しました。

大きな水甕ともいえる地下から湧き出る名水は軟水で、京都のそこかしこに存在しています。京都の市街地にあるお豆腐屋さんは自前の井戸を持っていて、そこから地下水を汲み上げてお豆腐を作っているのです。地下水脈とお豆腐屋さんの所在は一致している、との調査結果が出ているほどです。

さらに、京都はお寺が多く、動物性タンパク質を摂取することが許されない僧侶にとって、貴重なタンパク源であったことから、豆腐作りが発達したともいわれています。

Column

大豆は畑のお肉

　大豆は、シベリアのアムール川あたりから中国東北部を経由して日本までが原産地ですが、日本列島には弥生時代ころに中国から伝わり、穀類と並んで古くから食べられていました。大豆は煮えにくく、消化しにくいという欠点があり、日本では発酵や巧妙な加工技術を駆使して、味噌・醤油・納豆・豆腐・湯葉などを誕生させました。

　しかし、ヨーロッパへの伝播は遅く、大豆の存在を伝えたのは、オランダ商館付きの医師として来日していたエンゲルベルト・ケンペル（植物学者でもあった。一六五一～一七一六年）であるといわれています。彼が長崎から帰国後著した『廻国奇観《かいこくきかん》』（一七一二年）に、醤油の原料として紹介されています。ヨーロッパでは長い間、家畜の餌とされてきましたが、今日、私たちが耳にする「大豆は畑の肉である」というフレーズは、そのころオランダで生まれたといわれています。

⑥ 昆布出汁にこだわる

平成二五年（二〇一三）、和食がユネスコの世界無形文化遺産に登録されて以後、昆布出汁《だし》が大変、注目されています。

昆布は北海道沿岸を中心に三陸海岸などに広く分布していますが、すでに奈良時代には租税として平城京に運ばれてきました。それらは庶民の食卓へ上ることはなく、神饌《しんせん》として神に捧げられました。

『倭名類聚抄《わみょうるいじゅうしょう》』（承平四年―九三四―頃、源順《みなもとのしたごう》編纂）という平安時代の辞書には、「広布《ひろめ》（比呂女とも書く）」、あるいは「夷布《えびすめ》（衣比須女とも書く）」と記されています。

昆布という語が、いつころから用いられるようになったのかは不明ですが、一四世紀には広く知られるようになり、その語源は昆布を示すアイヌ語「コンプ（kompu）」であるとの説があります。

北海道で産する昆布は、一四世紀頃から北前船によって小浜や敦賀の港に陸揚げされたのち、京都人がこよなく愛する若狭の魚と同じく、陸路を通って京の都にもたらされました。さらに、一六〜一七世紀になって西廻り航路が発達すると、小浜や敦賀から日本海を通って関門海峡、瀬戸内海を経て、大坂に至る航路も開かれ、大型船の往来も可能となり、大量の昆布が上方に運ばれてきたのです。

とくに、お寺の多い京都では精進料理の出汁《だし》として、大いに活用されました。

現在、昆布で出汁をひく時は水出しか、加熱する場合は沸騰直前に昆布を取り出しますが、江戸時代には、『黒白精味集』に「精進の出し　昆布を洗ひ　湯煮することごとく煮て　用ゆ（精進の出汁、昆布洗って湯煮するように長時間煮立てる）」と記されているように、長時間加熱していたようです。

さて、ある京都の和食料理人は「出汁は昆布七、鰹三の割合」といい、昆布を補うのが鰹節であるというほど、昆布出汁を重視しています。つまり、昆布の旨味成分であるグルタミン酸に、鰹節に含まれるイノシン酸が加わり、その相乗効果で、芳醇な香りと上品な旨みのある出汁がひけるからです。

京料理に使う出汁昆布は、一般的に利尻島《りしりとう》、礼文島《れぶんとう》および稚内《わっかない》沿岸で採れる利尻昆布が使用されます。

それらは、真昆布《ま》（主に津軽海峡から内浦湾沿岸で採集。「大阪好みの味」！）や、羅臼《らうす》昆布（知床半島の根室側沿岸のみに生息。「関東好みの味」！）と比して味が薄く、澄んだ、やや塩気のある出汁がひけるので、素材の色や味を変化させないという長所があり、薄味の京料理にはピッタリなのですね。

さて、昆布出汁が珍重されるようになった要因のひとつに、京都（広くは関西圏）の水が軟水であることがあげられます。すでに科学的にも証明されていますが、カルシウムが多い硬水は、カルシウムが昆布の表面に付着して旨味の抽出を妨げるばかりか、アクとなって出汁を濁らせるといわれています。

一方、軟水は昆布の旨味をよく抽出するそうで、京都の美味しい水が、美味しい出汁を生み出し、素材の旨味を大切にする薄味の京料理に、上手くマッチしたといえます。水の恵みは、計り知れないものがありますね。

Column

昆布を味わう

京都のお節料理には二種の昆布を使った料理があります。一つは、昆布を巻いてカンピョウで結び醤油やみりんで煮た「昆布巻」で、鰊《にしん》を芯にしたものは「鰊昆布巻」といいます。

子孫繁栄を願うほか、巻物（書物）に似た形から、文化・学問を象徴する縁起物です。

もう一つは、「龍皮巻《りゅうひ》（求肥巻《ぎゅうひ》ともいう）」で、甘酢ショウガを中心にして甘酢で締めた鮃《ひらめ》を昆布で巻いたものです。

龍皮巻

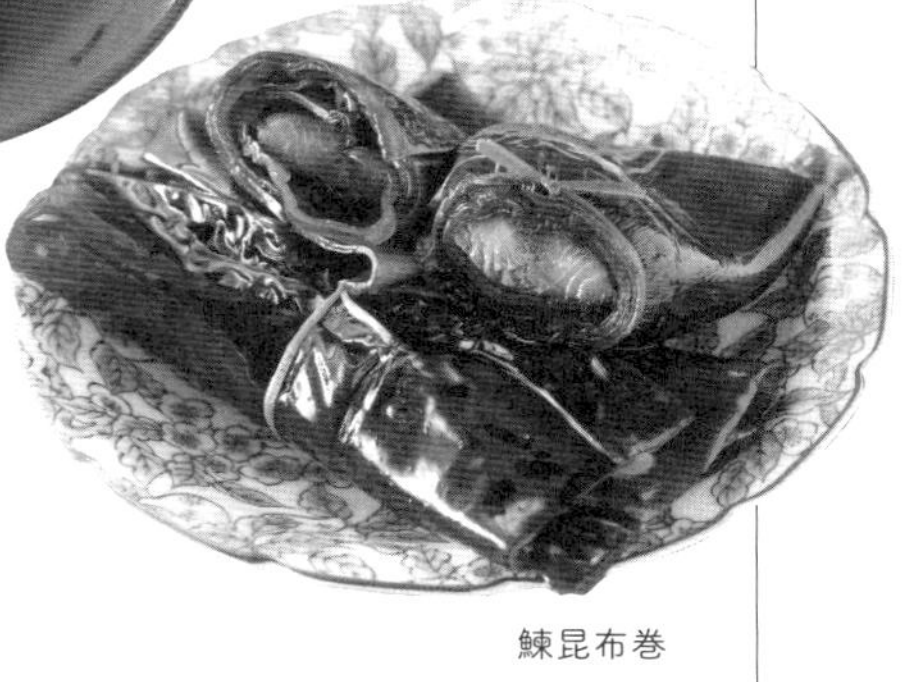

鰊昆布巻

⑦ 年の始め、西京味噌仕立ての雑煮で祝う

正月の祝膳に欠かせない料理といえば雑煮ですが、古くは「烹雑《ほうぞう》」と呼んでいました。「烹」は煮るという意味で、いろいろなものを煮まぜることから、一五世紀末頃には雑煮というようになっていたようです。

雑煮は毎年、正月に各家にやって来る来方神である歳神《としがみ》様にお供えした神饌《しんせん》のお下がりを「ごった煮」にしたのが始まりで、一年間、無病息災であるようにとの祈りを込めた正月料理のひとつです。

江戸時代の雑煮について『守貞漫稿《もりさだまんこう》』（喜田川守貞著。一八三八年頃成立）に、「大坂は味噌仕立てで、具材は丸餅・小芋・焼豆腐・大根・乾鮑など。江戸は鰹だしのすまし仕立てで、焼いた切り餅、小松菜をのせる」と、上方と江戸の味付け、具材などの違いが記されていますが、現在でもそれが踏襲されているようです。

さて、京都のお雑煮は西京《さいきょう》味噌仕立てであることが特徴で、正月三が日の間、朝食前に神棚、

仏壇に雑煮をお供えする習慣あります。

そのため、鰹節などの出汁《だし》などは生臭いことから敬遠され、昆布出汁を用いて、食べる直前に花鰹をかけたりもします。ただし、出汁をまったく用いず、湯に西京味噌を溶いただけの雑煮で正月を祝う家庭もあります。

京都人が好む「西京味噌」とは、米糀《こめこうじ》を多く配合した白黄色の甘口味噌の通称で、赤味噌に対して白味噌とも呼ばれています。塩分が五パーセントほどと低いため、賞味期限は赤味噌などと比べると短いのですが、その分、こっくりとした味わいがあります。

具材は、いたってシンプルで、餅のほかは里芋・大根・人参だけで、餅は一年、人と争わないようにという意味から丸小餅とされます。

家長制度の名残で、里芋は一家の主《あるじ》と長男は親芋（根の部分の大きな塊で、この周囲に子芋ができる）としますが、出世して人の頭《かしら》になるようにと願うことから、京都では「頭芋《かしらいも》」と呼んでいます。

頭芋と子芋

品種としては八つ頭や海老芋なのですが、握り拳ほどある頭芋には切れ目を入れずに丸ごと、ごろんと雑煮椀に入れるが一般的です。頭芋は子芋と比べると粘り気が少なく、ホクホクした食感があります。一家の主と長男以外は子芋を用いるのです。

大根は雑煮大根あるいは、ねずみ大根、祝大根ともいわれ、直径約三センチメートル、長さ二〇〜三〇センチメートルほどの細長い大根を使います。

白く透き通った肌が美しい雑煮大根は奈良県在来の品種で、雑煮のほかには煮しめにしか使用しないので、一二月には店頭に並びますが、それ以外の時期にはみられない季節商品です。ねずみ大根との異名から分かるように、多産で知られるネズミにあやかって子孫繁栄を願う具材です。

そして、京野菜のひとつで真っ赤な金時人参を彩りとして添えます。金時人参は一六世紀に中国から伝わり、主に京都で栽培されたことから「京人参」とも呼ばれています。

今では金時人参の名のほうが知られていますが、内部まで紅色を呈することから、いつの頃からか「赤ら顔をした坂田金時（金太郎）」に因んで、そのように呼ぶようになりました。

京都人は、このように幸せを願う具材が詰まった雑煮を、柳で作られた「祝箸」という両口箸でいただきます。柳は「薬木で長寿をもたらす」意味があるそうですから、新年を迎え、ひたすら一年の福徳円満、子孫繁栄、長寿延命を祈る姿勢がうかがえますね。

Column

作ってみよう！　揚げ餅雑煮

お雑煮に揚げ餅って、ユニークでしょ。でも、大根おろしを加えると、とってもサッパリしたお味になり、美味しいですよ。

①低温の揚げ油で、丸小餅をキツネ色になるまで素揚げする。

②生椎茸、しめじは下茹《したゆ》でし、昆布出汁を薄口醤油・みりん・塩で調味した、すまし汁に浸す。

③生梅麩は軽く湯通しする。

④①の揚げ餅を椀に入れ、生椎茸・しめじ・おろし大根・生梅麩・三つ葉を盛り、汁をかける。吸い口にユズ一片を添える。

揚げ餅雑煮

8　京野菜と北の海の幸がコラボ

お寺の町京都では、門前に精進料理専門店が店を構えるほど、精進料理が発展しました。野菜は鳥獣魚貝類などの動物性食品を用いない精進料理の食材として不可欠で、需要が高く、江戸時代には、今日、京野菜と呼ばれている野菜が誕生しました。

当時の京野菜は、奇才の絵師・伊藤若冲《じゃくちゅう》の、釈迦涅槃図をもじった「果蔬《かそ》涅槃図」にも、鹿ヶ谷南瓜や賀茂茄子などが描かれ、その存在が確認できます。

時は流れ、京野菜は高度経済成長期の大量生産・大量消費の流れに乗ることができず、危機的な状況におちいりました。昭和六二年（一九八七）ころから、そのことを危惧した京都府農林水産部や京都府農業総合研究所などの主導によって、「京の伝統野菜」と「ブランド京野菜」の定義付けが行なわれ、ブランド化が進められました。

さらに、全国展開も開始。その取り組みが功を奏し、京野菜は京都人のソウル・フードから、全国的な知名度を誇る野菜へと変貌をとげて、今日に至っています。

今や、京野菜は和食の食材としてばかりでなく、フレンチやイタリアンにも取り入れられていますが、当然のことながら京都では、京野菜は家庭料理の食材として、日常的に食べられています。

「賀茂茄子」は明治末年（一九一〇年代）ころから北区上賀茂および西賀茂で栽培が始まった、まん丸で直径一二～一五センチメートルにもなる、他に類をみない大型の丸茄子です。

賀茂茄子は油と相性が良く、田楽や揚げ出しにされるほか、煮物にしても美味しい食材です。とくに、北の海で獲れた鰊《にしん》と炊き合わせたものは「鰊茄子」ともいわれますが、京都では煮物のことを「たいたん」と表現しますので、一般に「鰊となすびのたいたん」と呼ばれます。

京野菜

鰊は「身欠き鰊」といって、頭や内臓を取り除いて乾燥させた干物を用います。それは、享保二年（一七一七）の『松前蝦夷記』に「鰊身欠」として記され、冷蔵・冷凍保存のなかった時代から続く保存法だったのです。

「鰊茄子」は鰊を甘辛く煮た煮汁を利用して賀茂茄子と炊き合わせたもので、冷やして食べても美味しいものです。

ところで、ユーモラスな形をした海老芋は里芋の一種ですが、享保年間（一七一六～一七三六年）ころ、洛東・青蓮院の門跡が九州を巡行し、縞模様がある芋を持ち帰ったのが始まりです。円山の地に植えてみると、縞模様に加えて海老のような反りをもった芋が収穫できたそうです。

この海老芋と棒鱈《ぼうたら》を合わせ、炊いたものを「芋棒《いもぼう》」と呼びますが、棒鱈のゼラチン質が海老芋の煮くずれを防いでくれるのです。

棒鱈とは、三枚におろした真鱈《まだら》の頭と尾を取り除いて、天日干しで乾燥させたもので、体長一メートルほどもある大きな干物です。棒鱈は京都のお節料理には欠かせない一品で、師走《しわす》に入ると錦市場でも売り出されます。

身欠き鰊も棒鱈もそのままでは歯が立たないほど固く、身欠き鰊は米の研ぎ汁に、棒鱈は掛け水に浸して戻さなければ調理できませんが、海から遠い京都ではその手間を厭いません。

「鰊茄子」も「芋棒」も家庭料理の一品で、手間、ヒマかける姿勢こそが京料理の真髄でしょう。さらに遠い北の海の幸と京野菜の「であいもの」が、京料理の特色のひとつでもあるのです。

Column

伊藤若冲

伊藤若冲（一七一六〜一八〇〇年。別号斗米庵《とべいあん》）は江戸中期に活躍した絵師ですが、もとは錦小路高倉にあった「桝源《ますげん》」という青物問屋の主人でした。

上層町衆であった伊藤家の長兄・若冲は家業のかたわら、狩野派、光琳派、さらには中国の元代、明代の画法を学び、二〇代終わりに、突然、絵師の道に目覚めたといいます。四〇歳で家業を弟に譲り、生涯、独身を貫き、絵画制作に没頭することになりました。別号「斗米庵」の由来は、作品一点を米一斗と交換したことによると伝えられています。

伊藤若冲生家跡

⑨ ラブレ菌の高級漬け物「すぐき」

京都人が来客に「ぶぶ漬けでも、どうどす（お茶漬けでも、いかがですか）」と声をかけると、それは帰宅を促すサインだと、一般に信じられているようです。

けれども、それは「京のぶぶ漬け」という上方落語のなかの話で、京都人はそんなに「いけず（意地悪）」ではありません。そもそも時分どき（食事時間）には来訪しないのが京都人のたしなみですから、「ぶぶ漬けでも、どうどす」といわれることなどないのです。

さて、お茶漬けには漬け物がつきものです。漬け物は奈良時代あたりから食され、楡《にれ》の粉末を入れた塩、あるいは、酢に漬けた「ニラキ」や、大豆や穀物の粉末と塩を混ぜて漬けた「スホリ」があり、どちらも野菜の漬け物でした。

野菜の宝庫である京都は漬け物も多種多彩で、長い歴史をもった「柴漬け」、「千枚漬け」、「すぐき」などは、京都三大漬け物と称されています。この三種のうちでも、高級漬け物といわれるのが「すぐき」です。

「すぐき」は蕪の変種で、その形状は円錐形に近く、葉は濃緑色で七〇～八〇センチメート

すぐき

ルにも伸長する、上賀茂地域特産の酸茎菜《すぐきな》を発酵させた漬け物です。

製造工程は四〇〇年ほど前から変わらず、蕪と葉を塩水で一晩下漬けしたのち、塩をまぶして約一週間、本漬けしますが、重石を使わず、テコの原理を利用した「天秤押し」という方法で行われています。

その後、室《むろ》と呼ばれる約四〇度に温められた加熱室に入れ、その中で約八日間、人工的に発酵をさせるというものです。そうすると、乳酸菌による発酵作用が進み、深みのある酸味の漬け物となるのです。

高級漬け物といわれる所以は、酸茎菜の希少性にあり、江戸時代末期までは北区にある上賀茂神社の社家《しゃけ》（神社に仕える氏族）の屋敷内だけで栽培が許され、他の地域では栽培されなかったことによります。というのも、京都所司代から「種はもとより、栽培技術も、漬け物にする際の発酵技術も門外不出のこと」と厳禁されていたからです。

そのため、「すぐき」は、「柴漬け」や「千枚漬け」ほど大量生産できず、全国的に知れわたらなかったのです。今では、冬の漬け物として名を馳せ、上賀茂神社の近くに店を構える「すぐき」専門店をはじめ、市中の漬け物店やスーパー・マーケットでも購入できるようになりました。

しかし、古くは、上賀茂の社家の人々から、公家や文人などへの夏の贈答品として用いられていました。当時、「すぐき」は夏に漬け上がったようで、夏の珍味として喜ばれたと伝えられています。

最近の研究で、「すぐき」には免疫力を高める効果があるラブレ菌が含まれていることが発見され、単なる高級品だけではない付加価値があることが話題となりました。

「すぐき」は黄色みがかった乳白色に輝く蕪、飴色の葉、そして独特の香り、酸味、どれをとっても素晴らしく、高級漬け物の名に恥じない逸品です。

Column

もっと知りたい京漬け物

柴漬け

もともとは茄子に赤紫蘇《しそ》の葉を加え、塩漬けにし、乳酸発酵によってできる、洛北大原の郷土色豊かな漬け物でした。商品化されるにいたってキュウリやミョウガなどが加えられ、味や品質を一定に保つために、調味液に漬けて酸味のある味付けをするようになりました。これを「調味柴漬け」と呼び、本来の製法のものは「生柴漬け」と呼んで区別しています。

柴漬けには、平家滅亡後、出家して大原・寂光院に隠棲した建礼門院徳子が、里人の差し入れた漬け物が気に入り、名付けたという伝承が残っています。

千枚漬け

聖護院蕪《しょうごいんかぶら》を薄く切った漬け物で、もとは紫蘇の葉を何枚も重ねて塩漬けか、味噌漬けにしたものだったようです。慶応元年（一八六五）からは、塩漬けにして、しんなりさせたのち、昆布や唐辛子を加えて、みりんをふりかけた漬け物に変化しました。

ちなみに、聖護院蕪は天保年間（一八三〇〜一八四四年）、聖護院に住まいする篤農家・伊勢屋利八が、近江の堅田（現・滋賀県大津市堅田）から近江蕪の種を持ち帰ったことに始まります。聖護院の土壌に合い、直径一五〜二〇センチメートルにもなる大きなものが収穫されるようになりました。

10 京都人は蕎麦派、それとも饂飩派

「江戸の蕎麦《そば》屋、上方の饂飩《うどん》屋」といわれるように、関東は蕎麦好き、関西は饂飩好きといわれています。まさにその通りで、京都人はお蕎麦よりも断然、お饂飩のほうが大好きで、お蕎麦屋さんに行っても、お饂飩を注文するくらいです。

蕎麦の原産地は中国北部からシベリアあたりで、奈良時代以前に日本に伝わりましたが、長らく飢饉対策の雑穀とされ、もっぱら貧しい鄙《ひな》の民びとの食べ物でした。

たとえば、藤原道綱の子息で天王寺別当となった道命阿闍梨（中古三十六歌仙の一人。九七四〜一〇二〇年）は諸国巡礼の旅の途中、山賤《やまがつ》から蕎麦料理を供されて、

「ひたはえて　鳥だにすゑぬ　そま麦に　ししつきぬべき　心地こそすれ」

と、「鳥さえ見向きもしない」と詠むほど、見知らぬ食べ物に驚愕したのです。道命が口にしたのは、蕎麦の実の粥《かゆ》か、あるいは蕎麦粉を熱湯でこねて餅状にした「蕎麦掻《が》き」でしょうが、都人の食膳には決してのぼることのない、粗末な食べ物であったのです。

しかし、江戸時代に入って寒冷地の開拓が行われるようになると、短期間で痩せた土地でも

『守貞漫稿』京都の蕎麦屋・饂飩屋

成熟する蕎麦の栽培が盛んになっていきました。

現在「蕎麦」と呼んでいる麺状のものは、一七世紀初頭になって誕生し、「蕎麦搔き」と区別して「蕎麦切り」といいました。慶長一九年（一六一四）、江戸に滞在していた近江・多賀神社の社僧慈性が記した『慈性日記』に初めて登場します。

当時の蕎麦は一〇〇パーセント蕎麦粉で打った「生《き》そば」で、かろうじてつなぎとして重湯《おもゆ》や、すり潰した豆腐などが用いられていました。

今日、蕎麦粉八、小麦粉二の割合で混ぜ合わせたものを「二八蕎麦」などと称していますが、つなぎとして小麦粉を混ぜるようになったのは、元禄年間（一六八八〜一七〇四年）から享保年間（一七一六〜一七三六年）の頃のことです。

さて、京都人が愛してやまない饂飩は、一説に奈良時代に中国から伝わった果餅《かへい》のひとつで、刻んだ肉を小麦粉で包んで蒸した「餛飩《こんとん》」であるといわれています。それは、古代、朝廷で元日・白馬《あおうま》・端午・重陽などの節会《せちえ》（天皇主催の饗宴）に供されたもので、天皇や貴族たちだけが口にすることができる高貴な食べ物でした。

京都人の饂飩好きは江戸時代中期にさかのぼります。一九世紀の江戸では一町に一軒の蕎麦屋があったのに対し、京都では饂飩屋が大繁盛していましたが、蕎麦屋は四～五町に一軒、あるいは五～七町に一軒という有様だったそうです。

その背景には、貴人の食べ物であった餛飩をルーツとする饂飩と、どんな荒地でも栽培できる蕎麦との「格」の違いが作用しているのではないでしょうか。道命阿闍梨とはいかないまでも、京都人はどこか頭の片隅で、蕎麦は鄙の食べ物と思い込んでいるフシがあるのかもしれません。

さらに、蕎麦つゆは鰹出汁と濃口醤油と砂糖・みりんを煮詰めた「かえし」でつくられているのに対して、饂飩出汁は昆布をベースに鰹節を加えた出汁に薄口醤油で調味されており、これはまさに京都人好みの薄味なのです。

今なお、「京は千年の都」といって憚らない京都人の嗜好は、これからも変わらないのでしょうか。

Column

作ってみよう！　和風あんかけ揚げ蕎麦

日本古来の蕎麦を油で揚げて、土ショウガの利いたあんをかけてみました。京名産の生湯葉や梅形の生麩も添えてみました。

①市販の蕎麦、半玉を丸く成形して、弱火の油で素揚げする。
②昆布出汁で千切りにした人参、生椎茸、しめじを入れ、中火で六分ほど煮る。
③②に薄口醤油・濃口醤油・みりんを加えて数分煮た後、さらにエノキ、梅麩、絹さやを加える。
④③が煮立つ前に、すり下ろした土ショウガを加え、水溶き片栗粉でとろみをつける。
⑤①の揚げ蕎麦を器に入れ、生湯葉の千切りをのせた上に、熱くした④をかける。

和風あんかけ揚げ蕎麦

11 山椒をこよなく愛する

三方を山で囲まれた京都盆地の北東、鞍馬地域は『都名所図会』（一七八〇年刊行）や『雍州府志』にも鞍馬の名産として「木の芽漬」と記されているほど、江戸時代から山椒《さんしょ》（木の芽）の産地として知られています。

牛若丸が修行したと伝えられる鞍馬山の麓には、今日でも昆布と山椒の葉や花を細かく刻んだ自家製の佃煮「木の芽煮」を商《あきな》う土産物店が軒を連ね、醤油と山椒の合わさった香りが、一面に漂っています。

山椒は日本原産で、古くは「ふさはじかみ」、あるいは「なるはじかみ」と呼ばれ、奈良時代には生薬として用いられていました。

寛永二〇年（一六四三）に刊行された料理本『料理物語』には、「鰌《どじょう》汁や鮒《ふな》汁の吸い口とする」ことが記され、江戸時代からは独特の臭味を消す香辛料として活用されていました。ちなみに「吸い口」とは、吸い物に浮かべて芳香を添えるツマのことです。

さて、今日、山椒は葉山椒と実山椒に大別され、葉山椒の若芽・若葉は「木の芽」の別称があり、花をつけたものは花山椒と呼ばれています。

ともに、焼き物や煮物の彩りとして添えられ、とくに、筍との相性が良く、木の芽味噌と和えた「木の芽和え」は萌えるような緑が綺麗な一品となります。また、筍とワカメの吸い物「若竹汁」の吸い口に加えると、一層、旨味が増すというものです。

さらに、葉山椒の季節になると春の香りが京菓子にも反映され、白い薯蕷《じょうよ》饅頭の上にちょこんと木の芽を載せた「木の芽薯蕷」は、こし餡と木の芽が絶妙なバランスを醸し出していま す。また、玉子煎餅の上にのせて焼き上げた「木の芽煎餅」も、なかなか、おつなお味です。

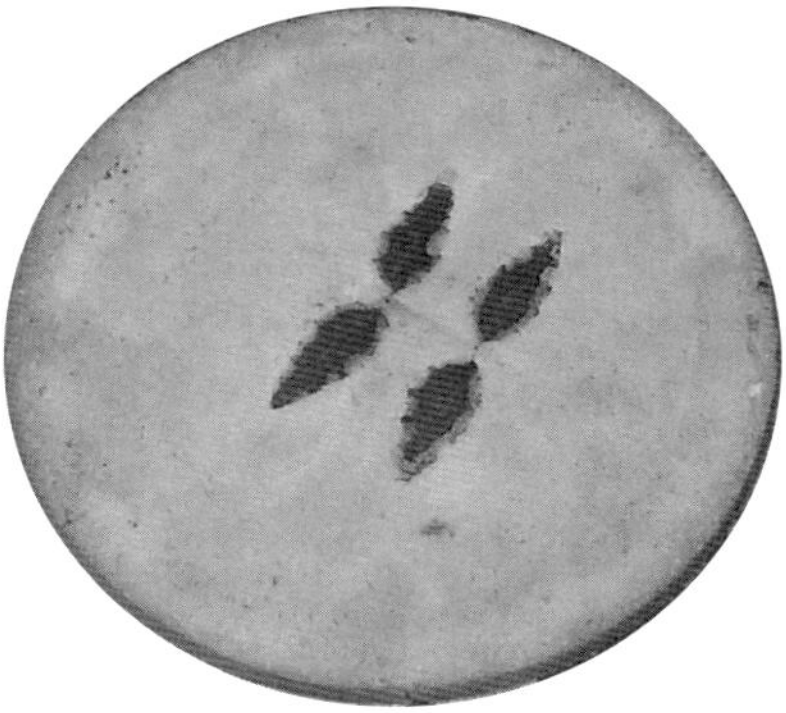

木の芽煎餅

実山椒は佃煮にするほか、近年、ちりめんじゃこ（シラス）と炊き合わせた「ちりめん山椒」が有名で、京土産として人気を博しています。

「ちりめん山椒」は、五〇年ほど前に京都五花街のひとつ上七軒《かみしちけん》の料理人・晴間《はれま》保雄が作り始めたのが最初といわれ、当時は、商品化を目的にしたものではなく、知人への贈答用だったそうです。

それにしても、海から遠く離れた京都で好まれた乾燥したちりめんじゃこ（赤腹のちりめんじゃこは高級品）と、山椒をコラボレーションさせたのは、料理人ならではのアイデアといえます。

じつは京都人は大変な山椒好きで、実山椒の皮を乾燥粉末にした「粉《こな》山椒」を頻繁に使用しているのです。たとえば、鰻の蒲焼きはもちろんのこと、京都名物の鰊《にしん》蕎麦や、各種の丼もの、そして赤だしの味噌汁にもかける習慣があるほどです。

「山椒は小粒でピリリと辛い」の言葉通り、少量を振りかけるだけで料理の味を引きしめ、同時にかぐわしい山椒の香りが食欲を増すというものでしょう。

薄味に慣れた京都人の舌には、唐辛子は辛すぎますが、ほどよい辛さの山椒がピッタリというわけですね。

Column

山椒はお薬です

正倉院に奉献した品々の目録である『東大寺献物帳』の中の一巻に、「種々薬帳」と呼ばれる薬物名を記したリストがあります。六〇種類の薬物が記載されていますが、人参・大黄《だいおう》・甘草《かんぞう》などと並んで、胡椒・桂心《けいしん》（肉桂）、そして、山椒の名が列記されています。山椒は胃腸機能の改善、食欲増進、冷え性改善などの薬用効果があり、料理を引き立てるだけではないのですね。

平安時代、正月の三が日「供御薬《みぐすりをぐうす》」という宮廷行事があり、天皇の延命長寿を願って屠蘇散《とそさん》が供されました。屠蘇散は山椒・防風・白朮《びゃくじゅつ》・桔梗《ききょう》・桂皮《けいひ》などを砕いて調合したもので、今日の「お屠蘇」にあたります。

屠蘇散

12 歴史を紡ぐ門前菓子

京都は和菓子の玉手箱で、茶会などに用いられる「上菓子《じょうがし》」は最上級のものとされます。上菓子には季節や意匠にあった「菓銘」（名前）がつけられ、お味はもとより、色、形に加えて、菓銘の由来を知ることなど、五感すべてで味わう奥深いものです。

一方、日常口にするお菓子に、「おまん（饅頭）」「団子」「餅菓子」などがありますが、そのほか、有名社寺の門前で供される、社寺の縁起や御利益を込めた「門前菓子」があります。

たとえば、西本願寺門前に「本派本山　松風調進所」の看板を挙げる菓匠・亀屋陸奥の「松風」もその一つです。「松風」の歴史は、織田信長と石山本願寺との合戦が始まった元亀元年（一五七〇）にさかのぼるそうです。

三代目主《あるじ》・大塚治右衛門春近が創製した小麦粉を主原料としたお菓子が、顕如上人（西本願寺一一世。一五四三～一五九二年）らの兵糧となったのが始まりと伝えられています。

「松風」との菓銘は、戦さの和睦ののち、顕如上人が詠んだ和歌、「忘れては　波の音かとおもふなり　枕に近き　庭の松風」から取られたそうです。

『都名所図会』大仏餅のお店

『都の魁』亀屋陸奥（陸通）

現在は小麦粉・砂糖・白味噌を混ぜて、自然発酵させた生地にケシの実を振りかけて焼き上げて製されていますが、おそらく、顕如上人のころには砂糖は使用されていなかったでしょう。

この素朴な味の「松風」を司馬遼太郎も好み、歴史小説『燃えよ剣』のなかで、鳥羽伏見の戦いに敗れて江戸に戻る主人公・土方歳三が、大坂の料亭で食したお菓子として描かれています。

さて、『都名所図会』には洛東・方広寺の大仏にちなんで、門前で商われた「大仏餅」が紹介されています。

「方広寺の大仏殿が建立された時に大仏餅と命名されて、商い始めた。大変、美味で、煮ても蕩《とろ》けず、炙《あぶ》ると芳ばしく、中国の饅頭にも負けない絶品である」

と述べ、広い店先に並べられた大仏餅を買い求める参詣者の姿が描かれています。

方広寺の大仏は、現在はその台座が残っているだけですが、当時は奈良・東大寺の大仏を凌ぐ六丈三尺（約一九メートル）もの大きさでした。『東海道中膝栗毛』のなかで弥次さん・喜多さんも「手のひらに畳が八枚敷ける」、「鼻の穴から傘をさした人が出入りできる」と驚きを隠せない様子で描写されています。

京の食べ物に口うるさい曲亭馬琴も『羇旅漫録《きりょまんろく》』（一八〇二年刊行）で、「江戸の羽二重餅に似て餡《あん》をうちにつつめり。味ひ甚だ佳なり」と絶賛しているほどですから、大変、美味であったのでしょう。

この大仏餅を製造販売していた「墨田屋」は、残念ながら第二次世界大戦後、廃業してしまいました。しかし、近年、方広寺近くにある「甘春堂」によって楕円形に近い白地の饅頭に「京大仏」の焼き印を押した「大仏餅」が再現され、販売されています。

このように、門前菓子は茶会などのハレの場には供されませんが、お寺や神社とともに歴史を紡いだ由緒ある和菓子なのです。

Column

門前菓子

御手洗団子《みたらし》

下鴨神社で土用の丑の日に行われる御手洗祭を語源とし、糺《ただす》の森にある御手洗池の水泡を象っているといわれています。五個の団子（一番上が少し大きく、残りの四個との間隔があいている）を串に刺し、砂糖醤油の葛餡《くずあん》をかけたものです。

長五郎餅

天正年間（一五七三～一五九三年）、河内屋長五郎が北野天満宮の参詣者にもてなしたのが始まりで、天正一五年（一五八七）、豊臣秀吉が催した北野大茶湯にも用いられたそうです。秀吉はこの餅を高く評価し、「長五郎餅」の名を下賜しました。漉《こ》し餡を羽二重餅で包んだもので、餡入り餅の祖とされています。

13 美味しいお茶

『源氏物語』宇治十帖の舞台である宇治は、茶摘み唄に「宇治は茶所」と歌われるほど有名です。

今や、空前の抹茶スイーツブームですが、古くからある真夏のスイーツ、かき氷の上に、抹茶シロップと小豆をトッピングした「宇治金時」や「宇治しぐれ」などの命名は、まさに「宇治は茶所」によるものといえるでしょう。

宇治茶のルーツは、鎌倉時代初期、栂尾《とがのお》高山寺の明恵《みょうえ》上人（一一七三〜一二八二年）が宇治郡大和田の地に播種したことにはじまり、発祥の地は黄檗山万福寺あたりと想定されています。

上人は茶畑に馬を乗り入れ、その蹄のあとに種を蒔くように教示したと伝えられ、「栂山の尾の上の茶の木　分け植えて　迹《あと》ぞ生ふべし　駒の足影」という短歌を残しています。

ちなみに、この頃は栂尾《とがのお》茶が一級品の「本茶《ほんちゃ》」とされ、宇治茶は一段格下の「非茶《ひちゃ》」とされていました。

しかし、一五世紀末期には栂尾茶が衰微し、宇治茶は天下一の名をほしいままにするようになりました。

それには、新芽の生育中、茶園を遮光材で覆う「覆下《おおいした》栽培法」の考案や、また碾茶《てんちゃ》（抹茶）が創作されるなど、創意工夫がなされたことによります。天下一となった宇治茶は茶の湯の隆盛とともに、織田信長や豊臣秀吉に

『風俗画報』茶摘み

『都名所図会』宇治の里

も愛好されました。

さらに、元文三年（一七三八）には、永谷宗円によって青製煎茶が発明され、天保五年（一八三四）には宇治茶師によって玉露が創製されるなど、高級宇治茶の地位は揺るぎないものとなりました。

隆盛を極めた宇治茶は『都名所図会』に、

「都の巽、宇治の里は茶の名産にして、高貴の調進年毎の例ありて製法作境にならびなし。山吹ちり卯の花の花咲そむる頃、茶摘みとて此の里のしづの女、白き手拭をいただき赤前だれを腰に飄《ひるがえ》して、茶園に入り声おかしくひなびたる歌諷ひて興じける」

と記され、覆下茶園で楽しそうに茶摘みをする女たちが描かれています。

現在、緑茶には碾茶・玉露のほか、煎茶・番茶・ほうじ茶などがありますが、もっともよく飲まれているのが煎茶で、ペットボトル入りも市販されていますね。

近年、ペットボトル入りの煎茶を愛飲する人も多くなってきているようですが、京都人は「煎茶は急須《きゅうす》で入れるもの」とのこだわりを持っています。

一般に煎茶は七〇度くらい、玉露は五〇～六〇度くらいのお湯が適温といわれ、茶の甘みも引き出せ、美味しいとされています。

残念ながらペットボトルでは、適温の煎茶を飲用することはできません。それに、湯のみ茶碗と茶托の取り合わせなど、ペットボトルにはない豊かな風情も味わうことができるのです。

◆行ってみよう

茶道資料館　上京区堀川通寺之内上ル　裏千家センター内
表千家北山会館　北区上賀茂桜井町六一
宇治・上林記念館　宇治市宇治妙楽三八
福寿園ＣＨＡ遊学パーク　木津川市相楽台三丁目一

Column

大福茶《おおぶくちゃ》で新春を祝う

京都では正月に新春を祝って、煎茶、あるいは玄米茶の中に結び昆布と小梅を加えた「大福茶」を飲む習慣があります。大福茶の起源は平安時代といわれ、都に疫病が蔓延し、六波羅蜜寺を開創した空也上人（九〇〇～九七二年）が、この茶を庶民にふるまったところ、疫病は鎮まったと伝えられています。村上天皇も飲用したことから「皇服茶」の字を当てることもあります。大福茶は長寿を願う縁起茶で、年末になると、茶匠の店頭には独自ブレンドの大福茶用の茶葉が売り出されます。

14 無類のパン好き！

京都の朝食は和食！　いいえ、そうではありません。京都人の朝食の九割は、パン食だといわれています。

現に、近年の都道府県別パンの消費量ランキングで京都は堂々の第一位、そしてベーカリーの数は第二位という結果の通り、京都人は無類のパン好きなのです。

日本にパンが伝えられたのは、天文一二年（一五四三）の鉄砲伝来と同時期であるといわれています。その六年後には、イエズス会宣教師たちによる製パンが始まりましたが、キリスト教禁止令や鎖国令の発布後は、急速に衰えてしまいました。

さて、南蛮の食べ物パンが、注目されるようになったのは幕末で、嘉永二年（一八四九）、伊豆韮山の代官・江川太郎左右衛門英龍（一八〇一～一八五五年）が、幕府の命によって兵糧パン（乾パン）を焼き上げたことです。

彼こそ、日本人で初めてパンを製造した人物なのです。英龍直筆のレシピが残されており、そこには小麦粉・砂糖・卵を混ぜて製する方法や、小麦粉・水、そして醴《あまざけ》で発酵させてから

大正製パン所の店先

焼き上げる方法などがみられます。

その後、横浜や東京で次々とベーカリーが開店しましたが、京都では大正二年（一九一三）に開店した進々堂が最初でした。それまでは、在京の外国人たちが宿泊するホテルでも、神戸からパンを取り寄せるといった有様だったようです。

進々堂創業者・続木《つづき》斉《ひとし》（一八八三～一九三四年）は大正一三年（一九二四）、パン作り修行のためフランスに留学し、フランスパンに魅せられて、その製法を学び帰国しました。

帰国後、製造販売に乗り出しましたが、外側が硬く中が柔らかなフランスパンの味わいが理解されず、あまり評判は良くなかったそうです。

彼が目指したフランスパンは、現在、フランス産小麦を使用した「レトロバケット１９２４」として店頭で販売されています。

メロンパン（大正製パン所）

進々堂に続いて、大正八年（一九一九）には大正製パン所が、大正一一年（一九二二）には天狗堂海野製パン所が創業し、今も変わらぬ美味しいパンを提供しています。

和食の町に住む京都人に、なぜ、パン食が広まったのでしょうか。

一説に、西陣織の職人さんの存在が大きいといわれています。キモノが日常的に着られていたころ、西陣ではその生産に追われ、機音《はたおと》が止むことがありませんでした。このような西陣の職人さんの空腹を満たしたのが、調理パンだったのです。

西陣の真ん中にある大正製パン所では、今でもたくさんの調理パンが製造され、また、職人さんにパンの夜食を届けた「番重《ばんじゅう》」という木箱が残っているなど、往時を偲ばせてくれます。

かのサンドウィッチ伯爵も、食事時間もままならぬほど多忙であったため、執務中にパンに食べ物を挟んで食べていたのが、サンドウィッチの始まりといいますから、西陣の職人さんも同様であったのでしょうね。

西陣の職人さんの食習慣の広まりが、無類のパン好きの京都人を生み出したのです。

Column

日本人が作った新作パン

あんぱん

明治七年（一八七四）、東京・木村屋総本店の創業者木村安兵衛が子息とともに、日本人好みのパンとして創作しました。日本酒の酒種で生地を発酵させているのが特徴。翌年四月四日には桜の花漬けを添えた桜あんぱんを明治天皇に献上しました。

クリームパン

明治三七年（一九〇四）、新宿中村屋の創業者相馬愛蔵が、初めて食べたシュークリームに感動してパンに応用したもの。

ジャムパン

明治三三年（一九〇〇）、木村屋総本店の三代目木村儀四郎が考案しました。

カレーパン

昭和二年（一九二七）、東京にあった名花堂（現・カトレア）で作った洋食パンがカレーパンの始まりだといわれています。

右からクリームパン・あんぱん・カレーパン（大正製パン所）

15 京都人は肉食系？

明治維新は日本人の生活に大変革をもたらしました。食生活においても明治政府による肉食奨励政策によって、仏教伝来以来の殺生禁断のタブーは打ち破られました。

明治五年（一八七二）、明治天皇はみずから牛肉を食して、肉食を解禁するお手本を示しました。その翌年、東京遷都ですっかり寂れた京都にも、牛肉「すき焼屋」が誕生し、文明開化の味をもたらしたのです。

かの福沢諭吉は大の肉好きで、栄養価の高い肉食・牛乳・西洋料理の普及に努め、自ら設立した慶応義塾の食堂にも肉料理のメニューを取り入れるほどでした。

当時の牛肉の食べ方は「牛鍋」で、文久二年（一八六二）、横浜入船町の居酒屋「伊勢熊」が牛鍋屋を開業したのが、はじまりであるといわれています。

「牛鍋」は戯作者・仮名垣魯文《かながきろぶん》（一八二九〜一八九四年）が主宰した雑誌『魯文珍報』に、

「葱を五分切りにして、先ず味噌を投じ、鉄鍋をジヤジヤ肉片甚だ薄く、少し山椒を投ずれば臭気を消すと雖も、炉火を盛にすれば焼付けの憂を免れず」

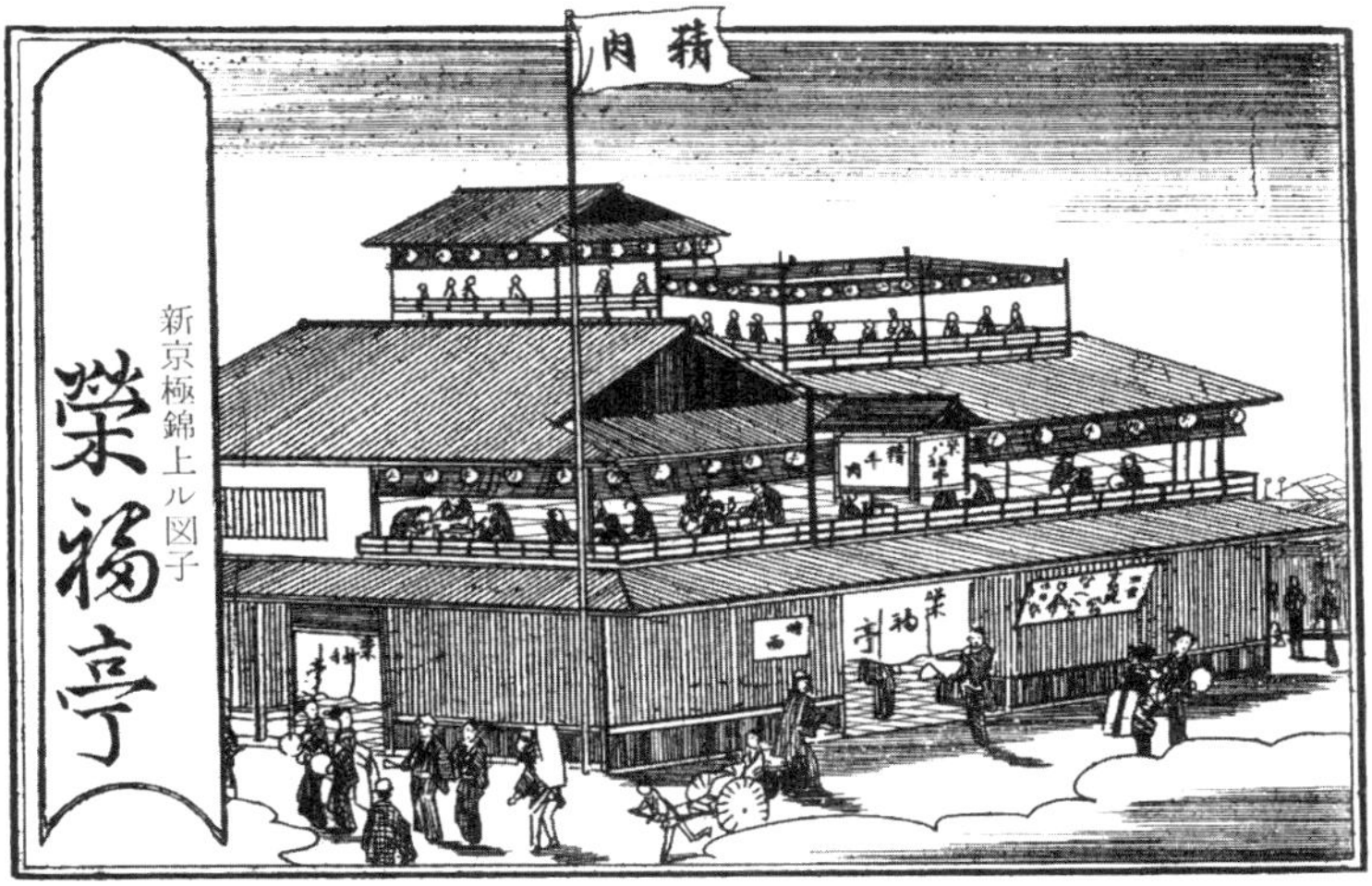

『都の魁』　精肉店

と、牛肉を味噌仕立てで調理し、臭みを消すために山椒を用いたと記されています。「肉片甚だ薄く」と記されていますが、スラーサーもなかったため、今日のすき焼き用肉に比べると、かなり分厚かったようです。

さらに、食肉処理技術が未発達であったために、肉は獣臭く、香味野菜の葱を加えて、味噌や山椒で臭いを消さなければ食べられなかったようで、文明開化の味を賞味する苦心のほどがうかがえます。

さて、この「牛鍋」に対して、関西で誕生したのが「すき焼き」で、今でも、京都でご馳走の牛肉料理といえば、ステーキよりも断然「すき焼き」です。

関東大震災以降、「すき焼き」は関東へ

も伝播しましたが、関東では牛鍋にならって醤油と砂糖などを加えた割下でもって、牛肉のほか、葱、白菜、春菊、椎茸、焼き豆腐、シラタキ、麩などを味付けするのが一般的なようです。

しかし、京都の「すき焼き」は少々、違っています。まず、すき焼き鍋に牛脂を引いて牛肉を焼き、砂糖と醤油で味付けし、その肉だけを味わいます。その後、葱などの野菜、糸こんにゃく、焼き豆腐、麩などを味付けして、少量の出汁で炒《い》りつけて食べるのです。

美食家でも知られた大谷光瑞《こうずい》（浄土真宗本願寺派第二二世法主。一八七六〜一九四八年）は、自著『食』（一九三一年刊行）のなかで、

「肉と野菜を同時に煮れば、肉の食べ頃には野菜は生、野菜が煮える頃には肉は硬くなってしまう。肉・野菜の混ぜ煮のごときは、味のわからぬ貧乏人が聞きかじりで作った調理法であり、真に味を問う者のなすべき料理ではない」

と、肉と野菜を同時に煮たものは、真の「すき焼き」の味を知らない者のすることであると断言しています。京風の「すき焼き」は、彼の舌を堪能させたことでしょう。

京都人はすき焼きに限らず、大の肉好きで、現に牛肉年間消費金額全国第一位を誇っているのです。

京都の周囲には滋賀県の近江牛、兵庫県の但馬牛、三重県の松阪牛など、ブランドの牛肉産地があることも一因となっているのかもしれませんね。

Column

美食家・北大路魯山人がこだわったすき焼き

【すき焼き語録】

・東京の牛肉屋のタレは良くない。出来合いのタレの中に三割ぐらいの酒と、甘いので生《き》醤油を一割くらい加えること。

・ロースやヒレを食べるときは、肉の両面を焼いてはいけない。必ず片面を焼き、半熟の表面が桃色の肉の色をしているまま食べること。

・豆腐、葱、こんにゃくなど、いっしょにごった煮する「書生食い」は良くない。

・ロース、ヒレは、よくタレにつけて鍋で焼く。汁の中に肉を入れるのではない。

【魯山人風すき焼き】

①牛脂を炒め、霜降り肉を焼き、酒とごく少量のみりん、醤油で味付けする。

②牛肉を食べきってから、少しだけ汁を加え、春菊・葱・椎茸・豆腐などを入れる。

③これらを食べ終わってから、再び肉を入れ、①②を繰り返す。

＊生卵のかわりに大根おろしを使うこともある。

第Ⅱ部

装う

16 エコ・ファッション

明治維新から一五〇年。文明開化は日本人の衣生活にも影響をおよぼし、洋服導入という大波となって押し寄せました。その結果、今日にいたって、長い歴史を紡いだキモノは、日常生活と乖離した存在となりつつあります。

現在、「キモノ」という言葉は「和服」という意味で用いられていますが、一六世紀ヨーロッパにおいて、「kimono」という語は、遠く離れた黄金の国・日本の衣服を指す言葉として知られていました。たとえば、一六世紀末に薩摩に上陸したスペインの商人アビラ・ヒロンは『日本王国記』のなかに、

「着物（Quimon）を着るには右の部分をからだに重ね、そのうえへ左の部分をかさね、それから、帯（Umbi）と呼ぶもので巻き付ける」

と、右前に着ること、帯を結ぶことなど、つぶさな観察が記録されています。

また、同時期、日本に滞在していたイエズス会宣教師ルイス・フロイスも『日欧文化比較』（一六八五年刊行）に、

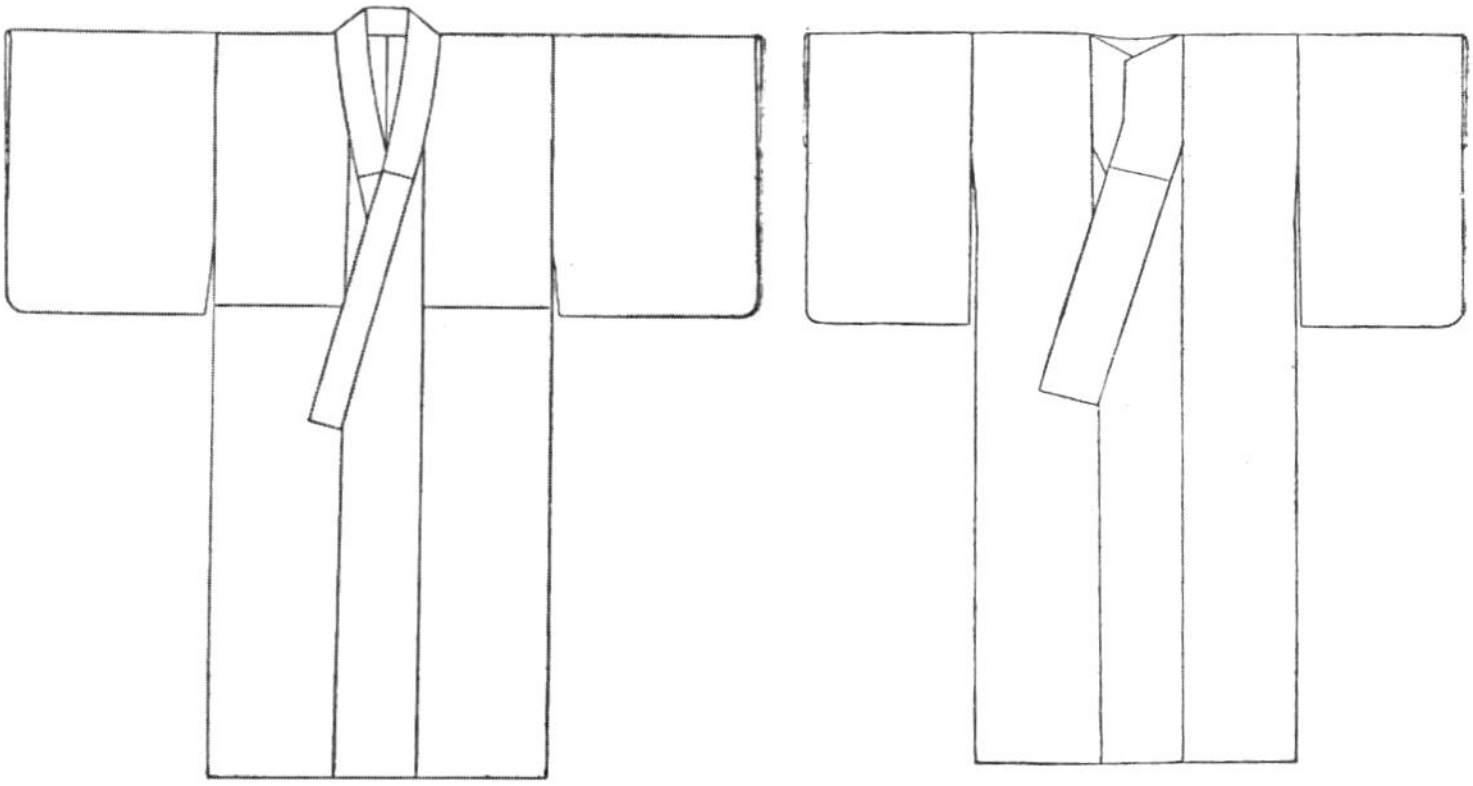

男物キモノ（左）と女物キモノ（右）

「男の衣服は、われわれの間では女に用いることができない。日本の着物(Quimoes)と帷子《かたびら》(Catabira)は男にも女にもひとしく用いられる」と、当時、キモノは男女共通の形態であったと述べています。

さて、現代人はキモノのことについて、どれだけ知っているでしょうか。

今日、一般にキモノと呼ばれているものは、和装用語では「長着《ながぎ》」と称し、明治時代までは小袖と呼んでいました。もとは、平安時代から鎌倉時代にかけて公家や武家の大袖の最上衣の下に着用した内衣でしたが、戦国時代頃から上着化し、最上衣となりました。まさに、衣服の下剋上といえますね。

キモノは全身をひとつづきの布で覆う一部式の衣服で、男物は着丈が踝《くるぶし》までの長さの「対丈《ついたけ》」で、女物は「お端折《はしょ》り（着丈の長さで余る部分を腰のあたりで折り曲げて着ること）」を加えたものとなっています。さらに、女物には「身八ッ口（身頃の脇の開きのこと）」と「ふり」があるなど、男女に差異がみられますが、江戸時代中期までは男女の差異はみられませんでした。

　現在、浴衣《ゆかた》などにアパレル製品が出回っていますが、本来、キモノは各人の体型や身体寸法に合わせ、一反《いったん》（幅約三七センチ、長さ約一二～一三メートルの細長い布）を直線に裁断し、おおよそ直線縫いによって仕立てられるものなのです。

肩あげ・腰あげをした子供キモノ

　そして、裁断方法によって、「大裁《おおだち》」、「中裁《ちゅうだち》」、「小裁《こだち》」の別があり、「大裁」は成人用、「中裁」は四～一一歳の子供用、「小裁」は新生児から三歳までの乳幼児用とされています。

　このように異なる裁断方法で仕立てられたキモノは、洋服に比して寛潤で、着装することで立体化するものですから、少々の体型変化では気にせずに着ることができます。

　さらに、「中裁」では小さすぎ、かといって「大裁」では大きすぎるという成長期において、「大裁」の裄《ゆき》（背中心から手首までの長さ）を肩で縫い縮める「肩あげ」をしたり、丈が長すぎる

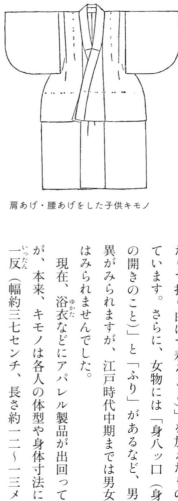

ときは腰の部分で「腰あげ」をして大人体型になりきるまでの間、一枚のキモノを調節して着装するのです。洋服ではできない、なんて便利な方法なのでしょう。

また、キモノは洋服とは異なり、縫い代《しろ》を切り落とさずに縫製しますので「仕立て直し」が可能なのです。使い捨てに馴れている現代人にとっては、実にエコなファッションではありませんか。

キモノは高価格なものですが、「仕立て直し」などの技を駆使すれば、何世代も受け継ぐことのできる息の長いファッションであることを再認識したいものですね。

Column

収納便利なキモノ

立体構成である洋服は、クローゼットなどにハンガー架けで保管されることが多いようです。キモノは平面構成であるため、畳んで桐タンス、あるいは桐箱に入れて収納するのが、理想的な保管方法だといわれています。

その理由は、桐材は吸水率が低く、透水性が低いことから、湿度に応じて膨張したり伸縮したりして、タンス内の湿度を調整し、常に低い状態に保ち、防虫効果も高いからです。さらに、熱伝導率も低く、火災に遭っても桐材の表面は炭化しても、内部までは火が廻らないなど、多くの利点を持っています。何よりも、場所をとらずに収納できるのが便利ですね。

17 大人のキモノは十三詣りから

京都では、旧暦の三月一三日前後（現在では新暦の三月一三日から五月一三日頃）に数え年一三歳の男児・女児が、虚空蔵《こくうぞう》菩薩を祀る社寺に詣でる「十三詣り」という通過儀礼が盛んに行われています。

智恵の菩薩・虚空蔵菩薩から智恵を授けていただくことを目的としていますので、「智恵詣り」とも、「智恵もらい」とも称されています。智恵とは、「事の道理や筋道をわきまえ、正しく判断する心の働き」、「事に当たって適切に判断し、処置する能力」という意味です。したがって、知識ではなく、成長とともに身につけなければならない智恵が授けられるのですから、十三詣りには奥深い意味があるといえます。

洛西・嵐山の中腹にある虚空蔵法輪寺（西京区嵐山虚空蔵山町にある真言宗寺院）への十三詣りが有名で、この季節になると嵐山近辺では晴れ着のキモノで着飾った子供たちの愛らしくも、少し大人びた姿をみることができます。

十三詣りの由来については、大人の仲間入りをする元服の年齢が一三歳であったとする説、

男児のキモノ姿

女児のキモノ姿

干支が一巡し、初めて厄年を迎えることから厄払いの意味をもって参詣するという説、また、虚空蔵菩薩が菩薩の中で一三番目に生まれたことから、一三歳になったのでお詣りする説などがあります。

江戸時代中期には、「難波より　十三まゐり　十三里　もらひにのぼる　智恵もさまざま」という和歌が詠まれたように、京都近郊からも詣でられるようになり、十三詣りの習慣は盛んになり、近年、関西圏以外でも行われるようになってきたといわれています。

法輪寺の虚空蔵菩薩から智恵を授かった子供たちは、渡月橋を渡って帰路につくのですが、渡り終えるまで決して後ろを振り返ってはならないという言い伝えがあります。もしも、振り返ってしまうと、せっかく授かった智恵をなくしてしまうから、というのです。

さて、七五三詣りの男児のキモノには、振袖の長着と羽織が着られ、鷹など勇壮な動物模様があしらわれたりしますが、十三詣りで着るキモノは男女とも、大裁《おおだち》、つまり大人用のキモノです。最近は男児の裃《かみしも》姿や、女児の袴姿など多彩になってきていますが、一般的には男児は紋付き袴、女児は振袖です。

成人男性のフォーマルなキモノ（紋付き袴）は、黒羽二重《くろはぶたえ》の長着と五ツ紋つきの羽織、宮城県仙台市に伝わる精好仙台平《せいごうせんだいひら》で製された袴ですから、十三詣りの機会に用意すると生涯、着用することができます。

女児は未婚女性のフォーマル・キモノである振袖ですから、成長してのちも成人式などで着用することができます。

大人体型になっていないのに、なぜ、大裁のキモノなのかというと、十三詣りのキモノは「肩あげ」をして着る習わしがあるからです。いくら体格が良いからといっても、大裁のキモノをそのまま着ることはできません。体格の変化にしたがって「肩あげ」を解き、着用することこそ、先人の智恵といえるのではないでしょうか。

ちなみに、京都五花街（祇園甲部・宮川町・先斗町《ぽんとちょう》・上七軒・祇園東）の舞妓は、芸妓になるまでは年齢に関係なく愛らしさを強調するために、「肩あげ」や「袖あげ」をしたキモノを着用しています。

Column

振袖

振袖は身頃と袖の縫いつけ部分を少なくし、「袂《たもと》」を持ったキモノのことで、華やかな総模様になる絵羽模様の柄行きが一般的です。大振袖（袖丈九五〜一一五センチ程度）、小振袖（袖丈一一五センチ以上）、中振袖（袖丈八五〜九五センチ程度）の三種があり、袖丈が長いほど格調高いとされています。未婚女性のフォーマルなキモノの第一とされていますが、大振袖は花嫁衣裳、および結婚披露宴のお色直しに用いられるだけで、中振袖は成人式やパーティーなどに広く着用されています。

なお、子供用のキモノは男女とも振袖となっていますが、子供は体温が高く、それを調節するためともいわれています。

振袖

18 「京の着倒れ」

『東海道中膝栗毛』のなかで京に上った弥次さん・喜多さんは、「商人のよき衣《きぬ》きたるは他国と異にして、京の着倒れの名はますます西陣の織元よりいで、染いろの花やぎたるは堀川の水に清く」と、美服の商人たちの姿に大層、驚いています。

「京の着倒れ」という言葉が使われ、金に糸目をつけず着飾っていた人々の様子が目に浮かびそうですね。

実際、江戸中期には「京の着倒れ」を裏付けるような、後世、「東西衣裳競べ」と呼ばれる出来事がありました。

『武野燭談《ぶやしょくだん》』（一七〇九年成立）が伝えるところによりますと、江戸の豪商・石川六兵衛の妻おかちは、江戸ではもはや並ぶ者がいないほどの衣裳道楽で、ついには西陣織や友禅染の本場、京の都に上り、妍《けん》を競うことになったのでした。

それを聞きつけた難波屋十右衛門の妻おきくは、がぜん闘志を燃やし、緋縮緬《ちりめん》に洛中風景を精緻に金糸・銀糸で縫い取った小袖に身を包んで、おかちを迎え撃ったのでした。

洛中風景模様のキモノ

南天模様のキモノ

かたや、おかちは対決を前に、黒羽二重に白抜きで南天樹を大きく染め出したシックな装いで、銀閣寺辺りを散策していたといいます。

それを見た口さがない京童《きょうわらべ》たちは、衣裳競べをするまでもなく、派手な西方・おきくの勝ちと囃し立てました。しかし、おかちの小袖をよくよく見てみると、赤珊瑚《さんご》を縫い付けて南天の実としてあったのです。この豪華さには京童たちも、ただただ舌を巻いたのでした。

その後も、おかちの衣裳道楽は止《とど》まることがなく、ついに延宝九年（一六八一）五月、分を過ぎた贅沢三昧の咎《とが》で、石川六兵衛の家屋敷・財産は幕府によって没収され、江戸府内追放という憂き目に遭うのでした。何ともいえない悲劇的な結末ですね。

ところで、この「東西衣裳競べ」は勝敗については明確ではありませんが、緻密で上品か、大胆で派手か、どちらに軍配を上げるかは意見が分かれるところですね。

京都人の好みは絶対的に前者で、京言葉でいう「こうとな」、つまり「地味で上品」「飽きのこない」ものが良しとされる気風があります。

たとえば喜多川守貞の『守貞漫稿』にも、京坂と江戸のキモノの好みが異なることを述べていますが、京都では落ち着いた色合いのなかにも、華やかさが感じられる、はんなりした印象のあるキモノが好まれます。そして、帯や小物のコーディネートもメリハリの強すぎるものを避ける傾向があります。

それこそが「京好み」といわれるもので、地味で上品、飽きのこないキモノを選び、それを親から子へ、そして孫へと、三代も受け継がれ着続けることも珍しくありません。流行に左右されない、普遍的な価値のあるキモノ選びをする京都人の智恵から、「京の着倒れ」という表現が誕生したのかもしれませんね。

Column

きものパスポートの特典を利用しよう

キモノの町・京都では、キモノを着装しているとさまざまな特典が受けられる、「京都きものパスポート」が発行されています。たとえば、神社仏閣では拝観料の割引や記念のポストカードが進呈されます。さら、美術館や博物館では入館料の割引もありますから、観光だけでなく上手に使えばお得ですね。

このパスポートは京都総合観光案内所（京なび）をはじめ、京都市役所・区役所、百貨店のキモノ・コーナーなどで冊子が配布されているほか、ホームページのプリントアウトを呈示しても特典が受けられます。ただし、神社仏閣ではスマートフォンのアプリ呈示では特典を受けることはできませんから、気をつけましょう。

（二〇一九年一月現在）

19 悉皆屋さん

キモノを雨で濡らしてしまった、食べ物や飲み物をこぼして汚してしまった、としたらどうしますか。洋服のようにクリーニングに出せば済むことじゃないの、と思っていませんか。

いえいえ、キモノは基本的に絹で作られていますから、同じ天然繊維といってもウールや木綿のように簡単にはいきません。そこで強い味方になってくれるのが、悉皆屋《しっかいや》というキモノ専門のメンテナスを行っているサービス業なのです。

悉皆屋では、仕立てた状態のキモノのままで、洋服のようにクリーニングする「丸洗い」や、汚れた部分だけを元通りにする「しみ抜き」などのキモノのメンテナンスをしてくれます。

さらに、染め替え、柄《がら》足し、金彩加工、刺繍足しなど、キモノのリメークも手がけてくれます。「悉皆（ことごとく）」の意味の通り、キモノのことなら、なんでもお任せできるのです。

悉皆屋は江戸時代の大坂で登場したといわれ、もともとは大坂で染め・洗張《あらいはり》の注文を受け、京の専門店に仲介するというものだったそうです。そのころから、友禅染を生んだ京の町の染色技術と管理技術の高さは群を抜いていたからでしょう。

さて、「丸洗い」や「しみ抜き」のほか、キモノ独特のクリーニング法として「洗張《あらいはり》」があります。

洗張は『宇津保物語』に張物《はりもの》をする人物が描かれていることから、一〇世紀末には行われていたようです。室町時代には職業として確立したようで、明応三年（一四九四）に編纂された『三十二番職人歌合』には、「張殿《はりどの》」として、小袖姿の女性が無数の籡《しんし》（布の両端に刺し留めて弓形に張り、布が縮まないようにする具）で、しんし張りをしている様子が描かれています。

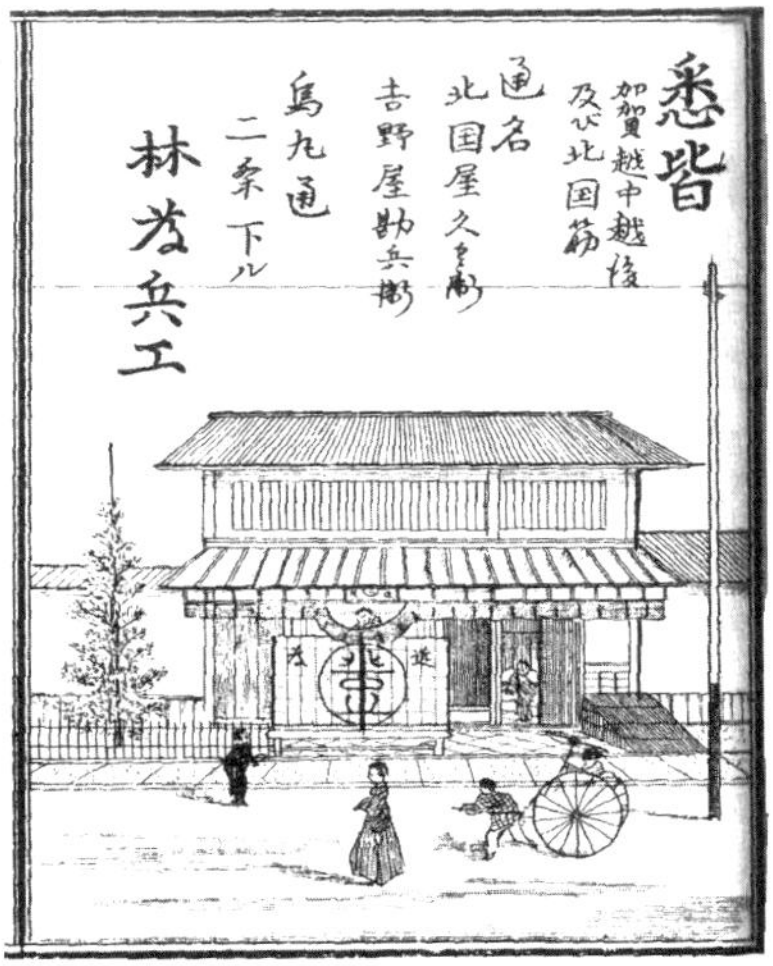
『都の魁』悉皆屋

そこには「きぬ共を　春の日しめし　おきもあへず　花見の出立　急がるるころ」と、春になると花見を前に繁忙期に入る、との和歌が添えられています。さらに、「雨の日を　もらすは惜しき　商ひに　うちばり広き　殿作りせん」と、野外で行わなければならない作業であるから、雨の日は休まなければならないので、室内で洗張がで

『和国百女』しんし張りをする女

きるような大きな建物が欲しいとも詠んでいます。

洗張をするには、キモノを一旦、解いて布の状態に戻して水洗いし、糊付け、乾燥して、元の光沢や風合いを蘇らせます。そのうえで再度、仕立て直しをしなければなりません。

キモノが日常着であった戦前までは、洗張は各家庭でも行われ、洗張に用いる板張（洗った布を乾かすための板）や、籡《しんし》などは生活必需品でもありました。

しかし、現在では、このような道具も見られなくなって、悉皆屋さんにお願いする時代になりました。

かつては、このように手間のかかる仕事は、一家の主婦の手に委ねられていたわけですから、どれほどキモノを大切にしていたかが分かりますね。

Column

主婦の仕事・洗濯と張物

明治維新後、女学校が設立され「良妻賢母」を掲げた女子教育がはじまりました。そこでは裁縫・料理・洗濯などが教授され、母から娘へと教えられていた家庭の仕事が、学校教育の一分野になりました。

洗濯用石鹸の利用が一般化した大正時代の洗濯と張物について、共立女子職業学校（現・共立女子大学）講師・井上松野が、『婦人画報』大正七年（一九一八）四月号に「洗濯と張物の仕方」と題して寄稿していますので、ご紹介しましょう。

「絹布類を自分で洗ふ折は石鹸水で強くなくあつさりとブラシでこすります。そして水を絞らずに成るべく陰ぼしにいたします。洗濯は梅雨前、張物は秋の日が最もよく糊が利くものでございます。然《しか》し何といつても脱ぎ捨てた時に直ぐにといて、洗つて置くに越したことはございません。さもないと、綺麗に落ちるべき汚れが、時間を長く置いたために落ちないことにもなります。……籡張も少し馴れゝば素人にも出来ます。木綿や、銘仙くらゐまでは板張りがよろしいでせう」

キモノの汚れを早くとっておくことは、今も昔も大事なことなのですね。

⑳ キモノの約束事を守る

観光客で溢れる京都では、観光地をキモノを着て散策する「着物レンタル業」という業態が急展開しています。そこでは、キモノと帯のコーディネートから、着付け、ヘアメイクまで行ってくれるそうです。

キモノをレンタルすることは、昭和のころは「貸衣裳」といって冠婚葬祭の式服を中心としたものでした。今日でも従来からの貸衣裳業は、ブライダル関連、お宮参り、七五三、成人式などの通過儀礼を主流としていますので、観光目的の着物レンタルはいわば新規参入のかたちといえます。

さて、着物レンタルを活用した観光客のキモノ姿は、どのように受け取られているのでしょうか。

台湾人作家・楊照氏は、清水寺の参道で遭遇した台湾人女性観光客のキモノ姿を、「ほとんどがその着方や歩き方を知らなかったように見受けられた。多くが粗野で身なりもひどかった」とフェイスブック上で嘆いています。さらに、

「私が見た和服の観光客には、全く日本の美に対する自覚がなかった。彼女たちは粗製濫造された和服ともいえないような和服を着て、優雅でもなければ美観を損ねるひどい歩き方でした。……京都の街並みにマッチしないばかりか、その景観を最もひどく破壊する」と、批判的に捉えています。きっと、キモノを熟知されているのでしょうね。

楊氏の指摘に、多くの京都人は、「その通り。よく言ってくれた」と共鳴するのではないでしょうか。なぜなら、着物レンタル業から提供されるキモノには、キモノの約束事が守られていないからといえます。

たとえば、色、柄の取り合わせはもちろんのこと、気温が上昇して暑くなれば、はやばやと四月でも浴衣が着られていることなどが挙げられます。京都では、浴衣は七月・八月の夕刻から着るものとされ、またフォーマル度は低く、もっともカジュアルなものです。

キモノには季節の決まり事というものがあります。

一年の大半は袷《あわせ》（裏をつけて縫い合わせたもの）仕立てのキモノで、着用時期は一一月から五月までとされています。

初夏の六月と初秋の九月は単衣《ひとえ》といって、裏をつけず、単仕立てにしたものを着用します。

そして、盛夏の七月・八月は絽《ろ》や紗《しゃ》などの薄く透けた涼しげな薄物を着用することになっています。

もちろん、すべて絹製ですが、盛夏は水分の吸湿・発散が速く「シャリ感」のある越後上布《えちごじょうふ》や近江上布、小千谷縮《おぢやちぢみ》など、麻のキモノも重宝されています。しかし、麻のキモノはフォーマルな場には着用できない難点があります。

このように、着用時期の決まり事、つまり、更衣《ころもがえ》を守っているということなのですね。

京都人は、いくら暑くても五月から単衣を着たりはしません。暑くても涼しい顔をして、季

絽の帯

節のキモノを着る気構えが、京都人には備わっているのです。

Column

夏のキモノ素材

絽　平織を交ぜて織った搦《から》み織物

紗　搦み織の一種で、緯《よこ》糸一本を打ち込むごとに、二本の経《たて》糸を交差させた織物。

越後上布　新潟県小千谷市、十日町、塩沢町に古くから伝わる高級麻織物の総称。

近江上布　滋賀県の琵琶湖東岸地域で織られる高級麻織物。

小千谷縮　新潟県小千谷市周辺を生産地とする苧麻を使った麻織物。

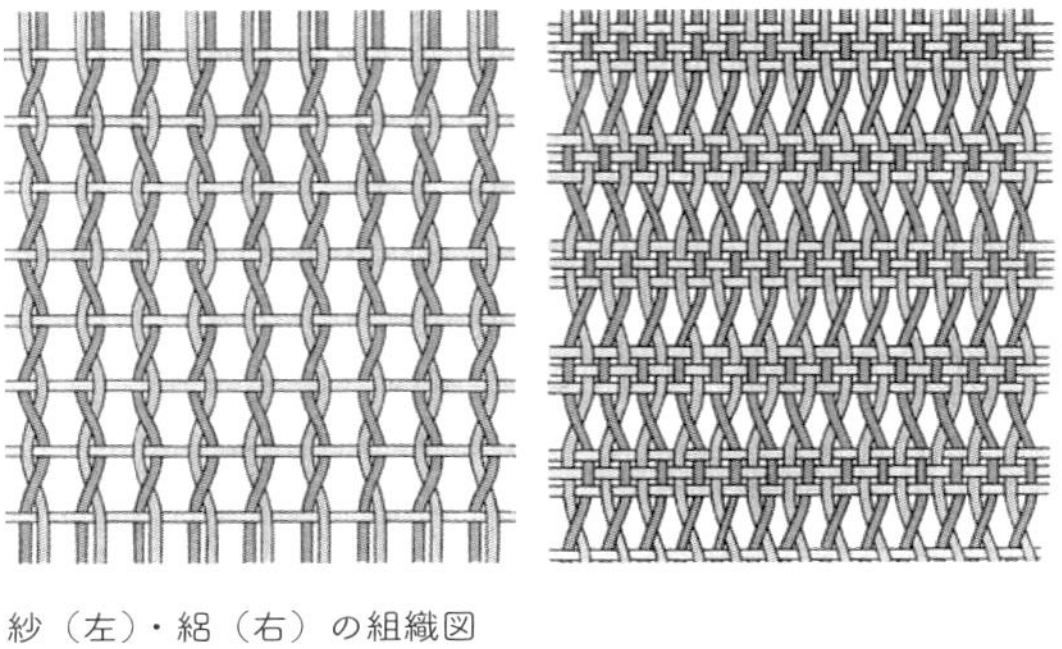

紗（左）・絽（右）の組織図

21 女紋の継承

徳川家の家紋「三つ葉葵」はとても有名ですが、ご自分の家に伝わる家紋を知っていますか。家紋の起源は、平安貴族の乗り物であった牛車《ぎっしゃ》に施した車紋《くるまもん》で、車紋をみただけで牛車の所有者が分かるというナンバープレートのような役割を果たしていました。

その後、戦国時代には戦場において、敵・味方を識別するために馬印《うまじるし》として使用されるようになりました。たとえば、川中島の戦いで雌雄を決した両雄、武田信玄は「風林火山」を、一方、毘沙門天を深く信仰した上杉謙信は、その一字をとった「毘」を馬印にしました。

泰平の世となった江戸時代には、身分や家格を明示するものへと変化し、一般庶民にまで家紋が使用されるようになりました。苗字が認められなかった百姓・町人までもが、自由に家紋を使えるようになり、彼らは庶民から成り上がった豊臣秀吉の例にならって、「五三の桐」を用いるようになったそうです。

さて、衣服に家紋を付けることは室町時代あたりからはじまり、それは武家の礼装となった「大紋《だいもん》」からもうかがい知ることができます。今日、家紋が付いたキモノは、冠婚葬祭などフォーマルな場で着用されるものと格付けされています。

女性の場合、その筆頭は留袖で、黒留袖と色留袖の二種があります。前者は一九世紀初めに式服として確立したもので、後者は地色を黒以外としたもので、帯幅が広がった江戸時代中期に誕生しました。

ともに、上半身を無地とし、「五ツ紋」といって上半身の五ヶ所に家紋（女性は直径約二センチ、染め抜き日向紋《ひなたもん》）を配します。ただし、色留袖には三ツ紋、一ツ紋のものもあります。

家紋あれこれ

ちなみに、黒留袖は既婚者に限られ着られますが、色留袖は既婚、未婚を問わずに広く着用されます。

その裾《すそ》周りには、絵《え》羽《ば》裾《すそ》模様（江戸褄《づま》模様ともいう）といって、「松竹梅」や「鶴亀」などの吉祥文様・有職《ゆうそく》文様・正倉院文様などの格調高い模様を、友禅染で途切れることなく絵画のように表現します。

留袖のほかには、絵羽模様が特徴

の訪問着（洋服導入とともに、上流階級の女性の社交外出着として広まった名称で、ビジティングドレスの翻訳）をはじめ、色無地（黒以外の一色染めにしたキモノのこと。一ツ紋が一般的）、江戸時代の武士が裃に用いた小紋柄に由来する江戸小紋（極小模様を白で染め抜いた型染め・一色染めのキモノのことで、鮫《さめ》小紋ともいう）、喪服などに家紋をつけますが、古くは振袖にも行われました。

これら紋付きのキモノは、女性の場合、婚家の家紋をつけるのが一般的ですが、通紋として「五三の桐」を用いることもあります。

しかし、京都では「五三の桐」の紋を付けたキモノはレンタルと解されることが多く、あまり良い印象を持たれません。

京都をはじめとする近畿圏では、婚家の家紋ではなく、母から娘、そして孫娘と継承され、母系の流れをたどることができる「女紋」を施す習慣があります。

女紋をつけておけば、何代前の紋付きキモノでも、紋を染め替えずに着ることができるのですね。

Column

格調高いキモノ模様

吉祥文様

吉祥とは「めでたいこと」「よいしるし」を意味する語で、縁起が良く、幸福のしるしとして用いる文様です。不老長寿を願う中国思想によるものが多く、松竹梅、鶴亀のほか、七宝、鴛鴦《おしどり》などがあります。

有職文様

平安時代以来、家格・位階・伝統に相応して公家の装束・調度品などに用いられた文様です。たとえば、雲鶴《うんかく》・立涌《たてわく》・小葵《こあおい》などがあります。

正倉院文様

奈良・東大寺正倉院の宝物にみられる文様。正倉院はシルクロードの東の終着点ともいわれ、ローマ・ペルシャ・インド・中国など西方諸国の影響を受けた文様が多くみられます。菱や亀甲《きっこう》などの幾何学文様をはじめ、鳳凰文、花喰鳥《はなくいどり》、連珠円文《れんじゅえんもん》、樹下《じゅか》動物文、宝相華《ほうそうげ》文、唐草文、唐花《からはな》文など多種多彩な文様があります。

22 受け継がれる王朝の色合い

京都に初夏を告げる葵祭《あおいまつり》は、平安の昔から女性たちの心を浮き立たせる行事でした。今日でも、京都御所を出発して下鴨神社・上賀茂神社へとたどる「路頭《ろとう》の儀」と呼ぶ行列は、さながら絵巻物から抜け出たような優雅な様相で、平安時代を偲ばせてくれます。

なかでも、斎王代《さいおうだい》（鎌倉時代までは、賀茂の神に仕える内親王、または女王が任じられ、斎王と称した）を中心に構成された女人列の華麗さには、目を奪われます。

とくに、彼女たちがまとっている平安貴族女性の盛装である、唐衣裳装束《からぎぬもしょうぞく》（俗に十二単《じゅうにひとえ》という）をはじめ、袿袴《うちきはかま》姿、汗衫《かざみ》姿などの、平安時代を彷彿とさせる色合いが、何とも素晴らしいのです。

平安時代は中間色が爆発的に増加し、当時の色名（色目《いろめ》という）は、微妙な色合いを的確に表現するために、草花の名からとって命名されました。

たとえば、紫色ひとつとっても、赤味がかったものは杜若《かきつばた》、少し青味がかった薄い紫色は紫苑《しおん》、青味がかった紫色は桔梗《ききょう》と名付けて区別したのです。

さらに平安時代においては、服色においても季節感が求められたため、季節に応じた色合いの装束に整えなければなりませんでした。杜若は夏、紫苑と桔梗は秋に花開きますから、それがその色目の装束が着られる時期なのです。

花の色、開花時期を覚えなくてはなりませんが、けれども、とても合理的で失敗しない色あわせができるのです。

色目あれこれ

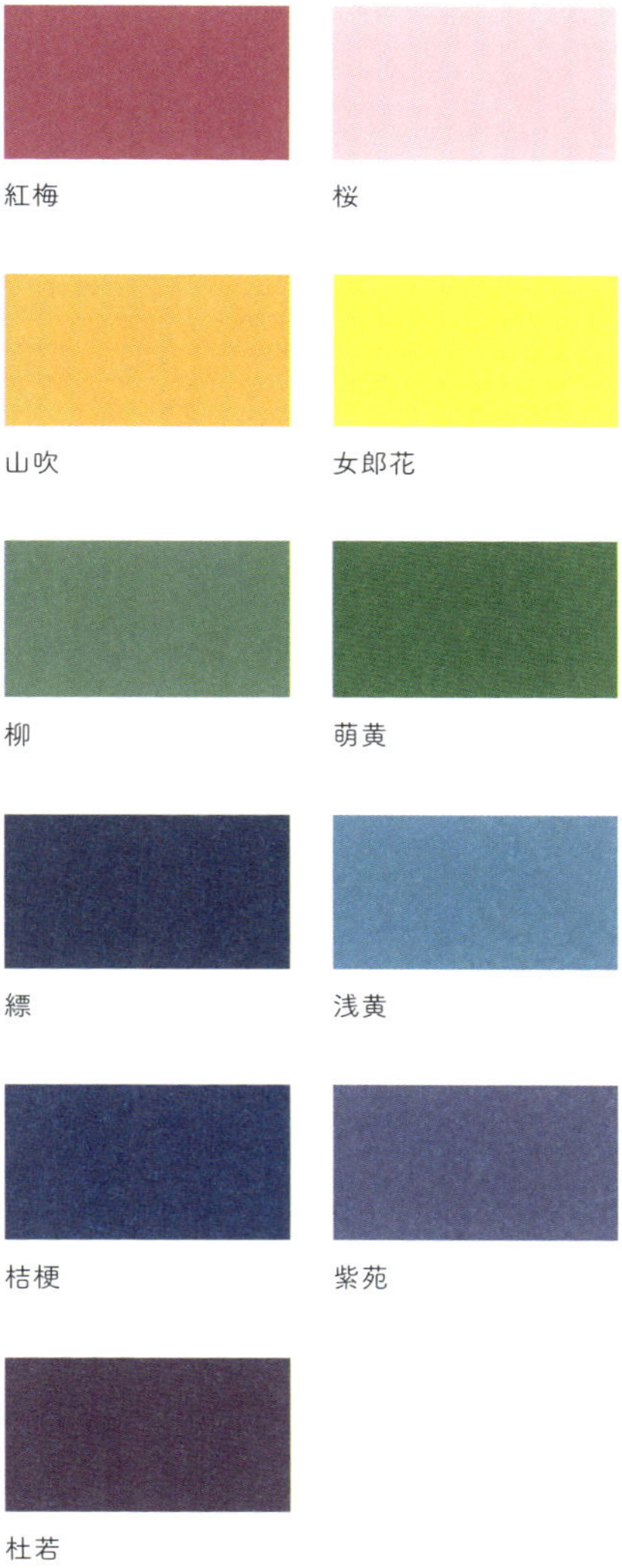

というのも、平安朝の女性たちには、好きな色、あるいは似合う色というのは問題外で、季節にあった色目を重視していたからなのです。

清少納言や紫式部も、季節にあった色合いの装束の装いには、「折にあひたる色合いの……」と記し、好印象を抱いています。

また、『源氏物語絵巻』竹河・二の巻では、桜の花びらが舞うもと、桜色や山吹色など、春の色合いのファッションを身にまとった女性たちが描かれています。

しかし、季節はずれの色を着用していた場合は、手厳しくピシャリと批判しています。たとえば、『枕草子』には、

「すさまじきもの　昼《ひる》ほゆる犬、春の網代《あじろ》、三・四月の紅梅の衣《きぬ》」

と、本来、一一月から三月までを時期とする紅梅を、初夏を告げる旧暦三月・四月に着用するのは、とても不快感を抱くと述べています。

このような王朝人が愛した色合い、命名は、とても優雅だと思いませんか。これらの色名は、じつは現在も、キモノの世界では生きているのですよ。

キモノの色をさりげなく王朝の色名で表現するなんて、お洒落ですよね。色の由来を尋ねると、一層、おもむき深いものになるでしょう。

◆行ってみよう　風俗博物館（下京区堀川通新花屋町下ル　井筒左女牛ビル五F）

Column

平安時代の色目

【春】

紅梅……紅梅の花の色を模した紫味の紅色。
桜………桜花（山桜系）を模したうすく紅味をおびた色。
躑躅《つつじ》……つつじの花に似た赤紫色。
柳………柳の若葉の色。
山吹……山吹の花の色。

【夏】

杜若《かきつばた》……かきつばたの花の色を模した赤味の紫色。
撫子《なでしこ》……撫子の花のような紫がかった淡い紅色。重色目では表紅、裏薄色。

【秋冬】

女郎花《おみなえし》…女郎花の花の色を模した緑味のさえた黄色。
桔梗……桔梗の花の色を模した青紫色。
朽葉……落葉の朽ちた色を模した褐色味の黄橙色。
紫苑……紫苑の花の色を模した少し青味がかった薄い紫色。
青朽葉《あおくちば》…緑味の朽葉色。

23

市松模様――東京オリンピック・パラリンピックのエンブレム

二〇二〇年七月に開催される東京オリンピック・パラリンピックのエンブレムに、「市松模様」という和柄が採用されました。

白と紺の正方形を交互に組み合わせた市松模様をベースに展開させたエンブレムには、「多様性と調和」のメッセージが込められているそうです。

さて、市松模様のルーツは平安時代にさかのぼり、「霰《あられ》文様」と呼ぶ有職《ゆうそく》文様のひとつでした。この文様を単独で用いることはなく、瓜の断面、あるいは鳥の巣をデザイン化したといわれる「窠《か》」と組み合わせた「窠霰《かにあられ》文様」は、平安貴族の盛装である束帯《そくたい》の表袴《うえのはかま》の文様として、綾織の地模様として表現されました。雛人形の男雛も、この袴をはいていますが、白地に地模様で表現されています。

その後、「石畳模様」とも称されましたが、江戸時代以降、「市松模様」の名で知られるようになりました。

市松模様と命名された経緯は、江戸時代中期、歌舞伎の人気女形・初代佐野川市松（一七二二

市松模様

東京オリンピック・パラリンピックのエンブレム

〜一七六二年）が、江戸・中村座で上演された近松門左衛門作「心中万年草《しんじゅうまんねんぐさ》（高野山心中）」で着用した衣裳に由来します。

この芝居は、高野山女人堂で南谷吉祥院の寺小姓・粂之助と、山麓神谷の宿屋・雑賀《さいが》の娘・お梅の心中事件をもとにしたもので、佐野川市松は主役・粂之助に扮した時、白と紺の石畳模様の袴をはいて演じました。オリンピックのエンブレムと同じ配色ですね。

もともと、窠霰文様は袴の模様とされていましたが、同色の地模様では舞台映えしません。佐野川市松の演技力はいうまでもありませんが、白と紺を組み合わせた石畳模様の斬新さは、江戸っ子たちを魅了したのでしょう。

彼を描いた役者絵には衣裳の一部に石畳模様が描かれ、また喜多川歌麿の錦絵『ビードロを吹く女』も石畳模様のキモノを着ているなど、その人気の高さが想像されます。

役者絵や錦絵が流行に拍車をかけた石畳模様は、やがて佐野川市松の名を冠して、「市松模様」と呼ばれるようになったのです。

江戸時代の人気歌舞伎役者は、ファッションの流行にも一役買っていたのですね。

さて、明治時代、再度、市松模様が流行しました。それは日露戦争の戦勝に沸いた明治三九年（一九〇五）、三越呉服店が主導した「元禄模様」のモチーフのひとつとして脚光を浴びたからです。

最初、新橋や芳町《よしちょう》の芸妓の間ではやりだし、そののち一般女性にも受け入れられ一大ブームとなったのですが、三越呉服店は高度な染色技術者が集まる京都に模様染め工場を新設して製作に当たりました。さらに、ＰＲのために歌舞伎座で「小袖幕元禄模様」を公演するほどの力の入れようでした。

今日、市松模様を取り入れたキモノには、なかなかお目にかかりませんが、これを契機に、昨今、流行している和柄の来由を再認識するのもよいのではないでしょうか。

Column

和柄あれこれ

青海波《せいがいは》
舞楽「青海波」の装束に由来し、三重に重ねた半円を波のように繰り返した幾何学模様。

亀甲《きっこう》
亀の甲羅に由来する六角形を重ねた模様。

麻の葉
六角形内で六つの菱形の頂点が一点で接するように構成された幾何学模様。

鱗《うろこ》
三角形を上下左右に連続して規則正しく並べた模様。

矢絣《やがすり》
矢羽根を繰り返した模様。

青海波

亀甲

麻の葉

鱗

矢絣

24 王朝の貴婦人は裁縫上手

『源氏物語絵巻』早蕨《さわらび》の巻には、女性たちが裁縫をしている様子を描いた珍しい場面があります。

平安貴族の女性と裁縫なんて結びつかないと思われがちですが、女性のたしなみともいうべきでしょうか、裁縫や染物を巧みにこなすことが求められていました。

富裕な貴族の邸宅には、独自に糸や布の染色を行う染殿《そめどの》や、裁縫を行う縫殿《ぬいどの》という建物が建てられ、たくさんのお抱えの職人や下女が働いていました。

たとえば、『宇津保物語』吹上・上の巻に描かれた一長者の屋敷では、二〇人の織り手が機《はた》を織り、染殿で男児一〇人、女児二〇人が、さまざまな染め草を煮ているとあります。

さらに、擣衣《とうい》（砧《きぬた》で打った衣）や、張衣《はりぎぬ》（板張りをして、ピンと張った布で仕立てた衣）を製作するところでは、何一〇人もが作業し、完成した布は縫製専門の若い人の手によって仕立てられています。

装束を彩る紐は絲所《いとどころ》で、唐組《からくみ》や新羅組《しらぎぐみ》に組まれるなど、驚くべきほどの家内手工業が繰り広げられていたのです。

このようにして調製された綾・錦・縑《かとり》などは、蔵の中で天井に届かんばかりに山積みにして、納められていたというのです。これらの織物や染物は、各家の正室が采配して装束に仕立て上げられたのです。

また、『源氏物語』帚木《ははきぎ》の巻、「雨夜《あまよ》の品定め」で、左馬頭《さまのかみ》が語った「指喰いの女」は不美人で嫉妬深い女性でしたが、「染色は竜田姫、裁縫は織姫に劣らぬほど巧みであった」と記されています。

『和国百女』針仕事をする女

紫の上は染物も織物も上手で、鈴虫の巻に「女三の宮の持仏開眼供養に際して、僧侶に布施する袈裟を手ずから作製した」とあり、どんな装束でも縫える理想の女性として記されています。

さらに、花散里も紫の上と並んで、裁縫に秀でた女性として描かれています。彼女は、源氏の子息・夕霧の養育を任され、夕霧が着る直衣《のうし》を、みずから露草の花で染め、仕立てているのです。凄いことですね。

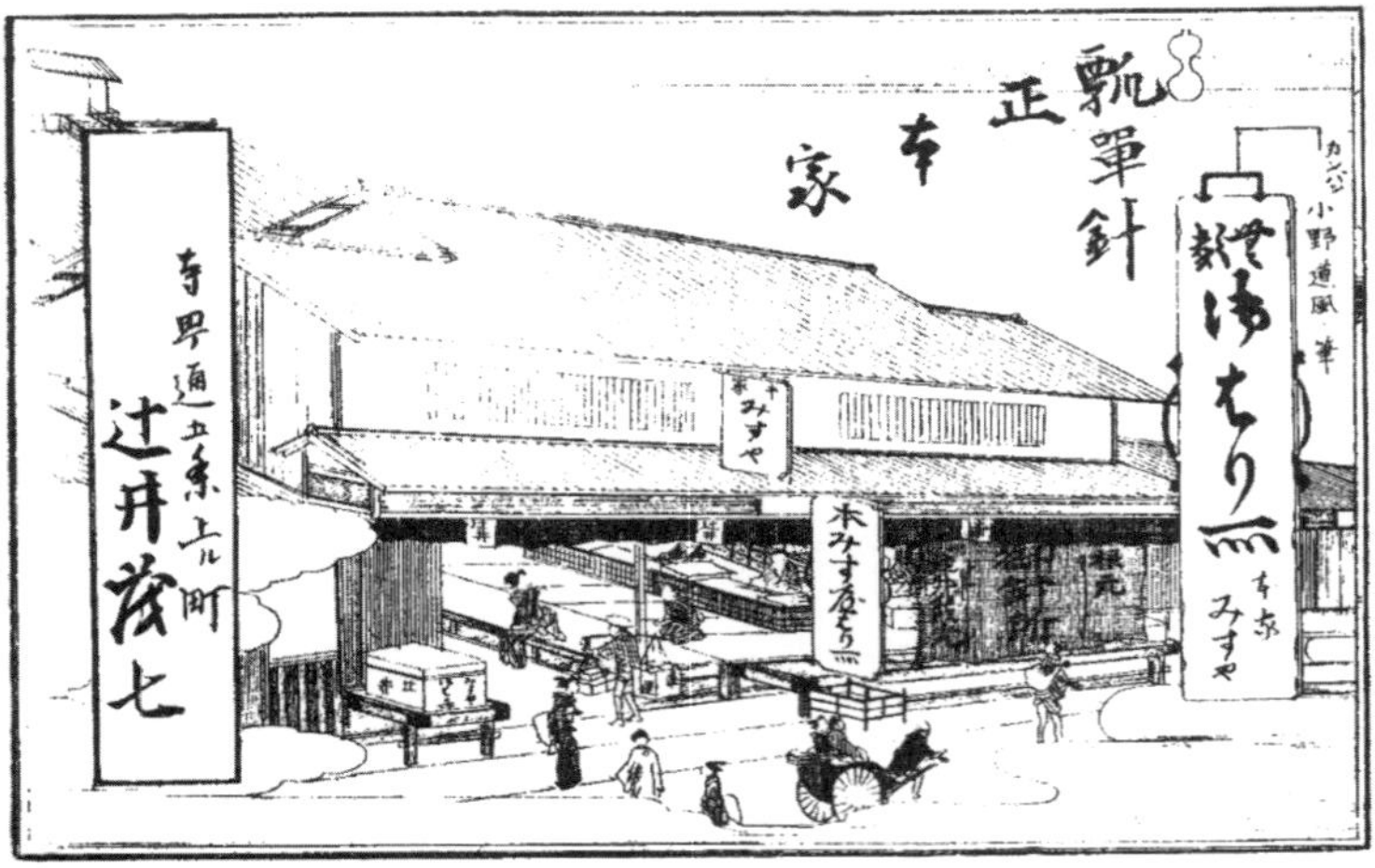

『都の魁』みすや針

現在、平安時代の装束の製作は「装束師」の手によって行われていますが、和裁にはみられない特殊な技法で仕立てられています。たとえば、「捻《ひね》り仕立て」は、布端の処理法で、布に糊を薄く引いて、糸縒《こよ》りのように丸め込むものです。また、裏地を表地より出して仕立てる「退《おめり》出《だ》し仕立て」がありますが、これは重色目《かさねのいろめ》の美を表出することになりました。

このような装束の仕立てには、特殊な長い針が使われますが、京都には古くから針の名店があります。童歌《わらべうた》にも「三条みすやばり」と謡われ、江戸時代には荷物にならない京土産として知られるようになっていました。

みすや針は針穴がまん丸の和裁用の針で、絹・紬《つむぎ》・木綿などの布に応じて、それに適した針を選ばなくてはなりませんから、その種類も多いのです。

一方、洋裁用のメリケン針（洋針）は長針と短針の二種しかありません。ちなみに、針先も和針のほうが太いなどの特徴がみられます。

なお、「みすや針」はメーカー名ではありませんので、「三条みすやばり」以外にも、「みすや針」と名乗る針専門店があります。もちろん、デパートの手芸用品売り場でも、インターネットでも購入することができますよ。

Column

針供養

折れたり、曲がったりして使えなくなった針は、どのようにしていますか。

京都では針への感謝を込めた「針供養」をして処分する習慣があります。虚空蔵菩薩が手芸の守護仏といわれていることから、毎年一二月八日、嵐山にある法輪寺では「針供養」が催されます。

和裁関係者などが参拝し、大きなコンニャクに大針を刺して供養するのは、日頃、懸命に働いてくれた針を、柔らかいコンニャクに刺して休んでもらうという意味があるそうです。当日は境内に「針納箱」が設けられ、使えなくなった針を納めるのです。

25

鴨川の水が生んだ友禅染

江戸時代前期まで、キモノの文様表現は絞り染や刺繍に委ねられていました。

絞り染は、奈良時代には「纐纈《こうけち》」と呼ばれ、正倉院御物にも残る古い技法ですが、精緻で写実的な表現と多色染は不可能でした。

ところが、天和から元禄年間（一六八一〜一七〇四年）に、一世を風靡した扇絵師・宮崎友禅斎（洛東知恩院門前に住まいしたといい、生没年は不詳）にちなむ友禅染が誕生したことから、色鮮やかで華麗なキモノが演出できるようになりました。

その流行のみなもとは、貞享五年（一六八八）刊行の『都今様友禅ひいながた』に、「古風の賤しからぬをふくみて、今様の香車《きょうしゃ》なる物、数奇《すき》にかなひ……」と記されているように、古典的な和風の美を残しながらも、斬新で華やかなデザインを取り入れていることでした。

さて、友禅染の特徴は「糸目糊置《いとめのりおき》」といって、下絵の輪郭線に沿って細く糸のように、糯米《もちごめ》と糠《ぬか》を主原料とする糯糊《もちのり》を置く防染工程があることです。これによって染料のにじみを防ぎ、

「色挿し（挿し友禅ともいう）」によって多色染を可能にしました。

たとえば、京都国立博物館が所蔵する「賀茂競馬《くらべうま》文様小袖」は江戸時代中期の友禅染の最高傑作ともいうべきもので、五月五日に上賀茂神社で行われる競馬を題材としています。

ざわめくように乱れる紅葉のもと、二頭の馬が駆け抜けるさま、乗尻《のりじり》（騎手）の姿は臨場感にあふれています。それらは、精緻な糸目糊置によって、多彩な色が塗り分けられているのです。

色挿しが終わると、伏糊置、地染、蒸しなどの工程がありますが、糯糊や余分な染料などを除去しなければなりません。それは「水元」といって、布をしばらく流水につけて、タイミングを見計らって手早く洗い落とす方法です。

現在、この工程は水質汚染をともなうことから工場内の水槽で行われていますが、かつては鴨川で行われていました。

京の都の水は染料に優しい軟水で、とくに鴨川の水が適していたといわれることから、友禅染は別名「鴨川染」とも称されていました。現に昭和の時代、鴨川沿いには、たくさんの染工場がありました。

古来、「鴨川の水で産湯を使い磨き上げると美人になれる」といわれていますが、鴨川の水は江戸時代中期には清き水として諸国に知れ渡り、樽詰めにして大坂にも送られていたそうです。

その水は、お茶や化粧用として用いられ、「賀茂河水弘所《かもがわみずひろめどころ》」という商いも成立していました。江戸時代後期、京を旅した曲亭馬琴も『羇旅漫録』のなかで、「京によきもの三つ。女子。加茂川の水。寺社」と記し、物腰の柔らかい京女、古い歴史のある神社仏閣と並んで、挙げているほどです。

ちなみに、水元の作業をする様子は、「友禅流しファンタジー」として、八月上旬の「鴨川納涼」のイベントとして再現されています。鴨川の水が、友禅染と関わりがあったなんて、思いがけないことですね。

京友禅と加賀友禅の違い

京友禅　有職文様や光琳文様など、古典的な模様を柔らかな色調で表現し、刺繍や金箔などを効果的に併用します。キモノ完成までの工程は、完全に分業化されているのが特徴です。

近代日本画の先駆者である竹内栖鳳《せいほう》（一八六四〜一九四二年）や、抽象表現にも長けた堂本印象（一八九一〜一九七五年）らの日本画家たちも、友禅染の下絵を手掛けた時代がありました。

Column

加賀友禅

加賀五彩（臙脂《えんじ》・黄土《おうど》・古代紫・草緑・藍）と呼ばれる深みのある五色を用い、「虫喰い（病葉《わくらば》を描くこと）」や「外ぼかし（外側が濃く、内側が薄いぼかしを入れること）」などの写実的な表現が特徴です。完成までの工程は一人で行う作家物が多く、留袖や訪問着には作家の落款が押されています。

加賀友禅

京友禅

26 進化する西陣織

京都では「染のキモノに織の帯」といって、フォーマルな装いは、「キモノは友禅染（染）で、帯は西陣織（織）」とするのが一般的です。

友禅染は江戸時代中期に誕生したものですが、西陣織のルーツは平安時代にまでさかのぼります。

平安時代のファッションを彩った錦・綾・羅などの高級織物は、大宝律令以来の織部司《おりべのつかさ》という官営の織物工房で生産されました。

現在の上京区上長者町《かみちょうじゃまち》あたりに構えられていたようですが、平安時代中期には衰退し、織部司の工人《たくみ》たちは、その周辺で個人工房を営むようになっていきました。彼らが生産した絹織物は「大舎人《おおどねり》の綾」とか、「大宮の絹」などと呼ばれ珍重されたのでした。

しかし、応仁の乱（一四六七～一四七七年）の勃発により、平安時代以来の織物の町の状況は一変しました。工人たちは戦禍を逃れて、和泉の堺などへの移住を余儀なくされたのです。

一〇年あまりの歳月を経て、争乱の収まった京の町に戻った工人たちは、上長者町にほど近

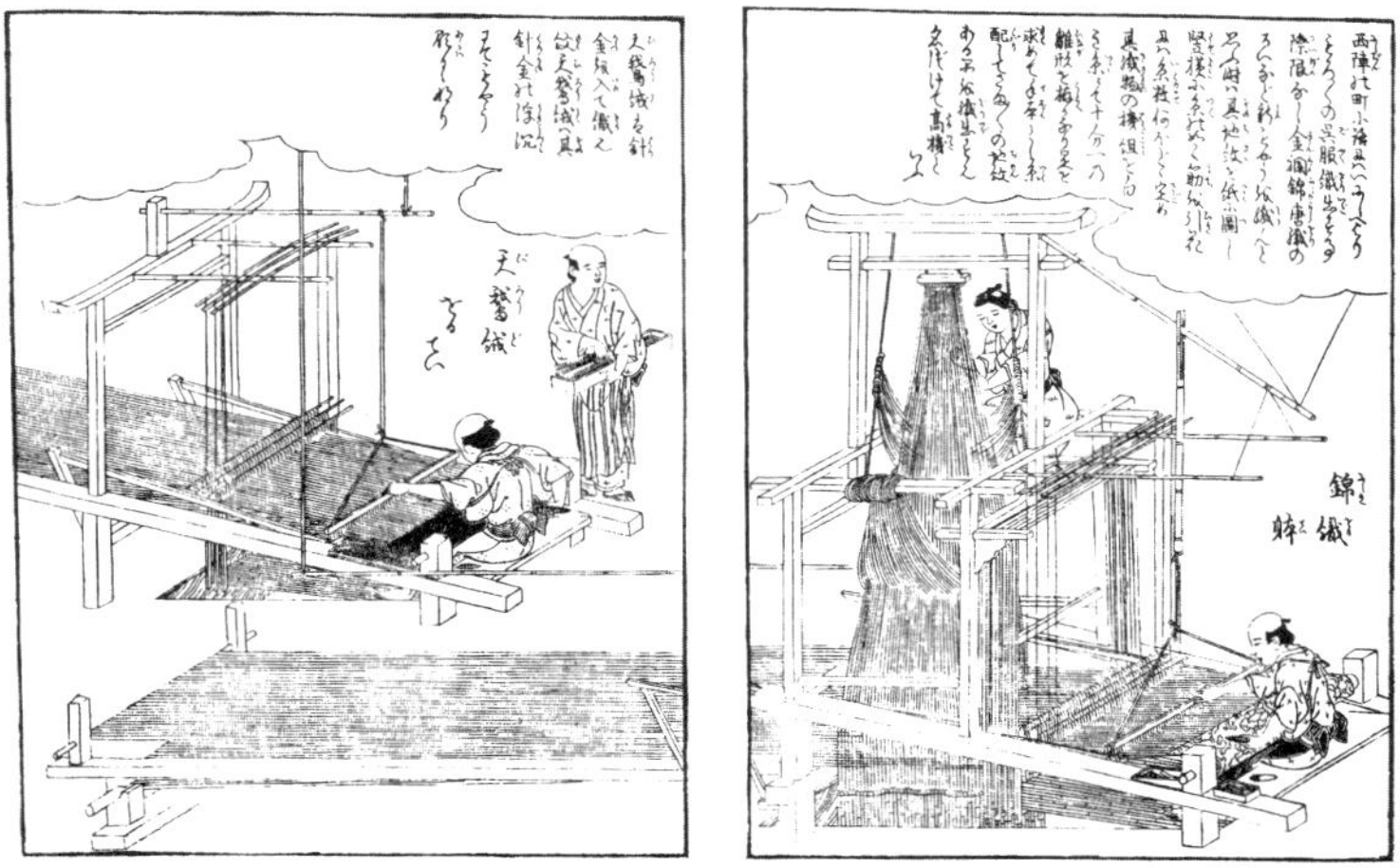

『都名所図会』西陣織

い、現在の新町今出川上ル付近に工房を復興させました。その地は山名宗全率いる西軍の本陣跡で、「西軍の陣」から西陣と名付けられ、そこで産出された織物を「西陣織」と呼ぶようになったのです。

さて、工人たちは和泉の堺に居住している間に、明《みん》の織工が伝えた金襴（中国では織金《おりきん》という）の技術を習得していました。

金襴は金の平箔《ひらはく》糸（紙に金箔を貼り付けて細かく裁断し糸状にしたもの）を織り込んで文様を表現した錦の一種です。平安時代中期には伝来していましたが、織部司の流れを汲む工人と明の織工との出会いが、金襴の国内生産を可能にし、江戸時代には主産地とまでなりました。

一八世紀半ばには金襴のほか、七〇種余りの織物を産出し、現在では先染の紋織物の総称と

唐織（左）・綴れ織（右）

して、「西陣織」の名称が使用されています。

キモノばなれが著しい今日ですが、金襴は帯だけではなく、多岐にわたって活用されています。たとえば、僧侶のつける袈裟《けさ》や、社寺で授与されるお守りの袋も、金襴で製されています。

金襴の命名は、中国・宋代に留学した禅僧が伝法の証として授けられた袈裟（金襴衣）に由来するといわれるほど、仏教と深い繋がりがありました。現在、袈裟用の金襴は金糸・銀糸以外に多彩な色糸を用い、高度な技術を駆使したもので、お寺の町・京都にはなくてはならない織物のひとつです。

さらに、茶の湯においては、仕覆《しふく》（茶入・薄茶器・茶碗などを入れる袋）や、古袱紗《こぶくさ》（茶器の拝見などに使われる小型の布）に用いられ、茶室の床の間に飾る掛軸の表具には、欠かせないものとなっています。

一方、金襴を始めとする西陣織は、伝統工芸品の殻を打ち破って、ネクタイ、インテリア、緞帳《どんちょう》など時代の趨勢に呼応した製品を生み出しています。

その原動力は、苦境をバネに明の最新技術を習得した工人たちを見習ったものといえるのではないでしょうか。

余談ですか、警察の機動隊出動服に付けられている旭日章のワッペンや、全国都道府県対抗女子駅伝のタスキやゴールテープも、西陣織なのです。意外なところで活躍しているのですね。

Column

金箔こぼれ話　あぶらとり紙

京土産として女性に人気のある「あぶらとり紙」は、金箔を薄く延ばすのに使われる「金箔打ち紙」で、できています。映画撮影現場において、ライトで出演者の顔に浮いた皮脂を「金箔打ち紙」で押さえると、テカらなくなったことに始まります。当初は歌舞伎役者や映画関係者、花街の女性などに使用されていました。もとは、顔を覆うような大きさだったそうですが、現在は手のひらに収まるようなコンパクト・サイズになりました。使いやすいですよね。

27 キモノをゲットする法

キモノを買うことに対して、洋服とは比べものにならないほどハードルが高いと感じていませんか。

身近にキモノに詳しい人も見当たらず、いきなり、呉服店に飛び込む勇気もないとしたら、まずは、デパートのウインドウ・ショッピングで、キモノの知識と審美眼を養うというのはどうでしょうか。

というのも、女性のキモノには帯揚げ・帯締め・ショールなどの小物、履き物・バックなど付属品も多く、デパートのキモノ・コーナーで、それらすべてをみることができるのです。さらに、キモノと帯のコーディネートも観察することができるほか、安価な合成繊維で作られたプレタ・キモノや、プレタ・浴衣も売り場の一角を占めています。

さて、京都の繁華街四条通りに面して店舗を構える「大丸」と「高島屋」は、江戸時代にさかのぼる歴史をもつ老舗で、ともに京都を発祥とするデパートです。

大丸は享保二年（一七一七）、下村彦右衛門（一六八八〜一七四八年）が洛南・伏見で開業

『風俗画報』大丸の店舗

した絹織物を商う呉服商「大文字屋」を始まりとし、その後、享保一三年（一七二八）に名古屋に進出したのを契機に、「大丸屋」と称するようになりました。

『婦人画報』高島屋の広告

『婦人画報』大丸の広告

一方、高島屋の創業は天保二年（一八三一）で、飯田新七（一八〇三～一八七四年）が烏丸松原あたりで始めた古着・木綿商でした。義父・儀兵衛の出身地である近江国高島郡（現・滋賀県高島市）から「高島屋」と名づけられたそうで、嘉永七年（一八五五）には古着商を廃止し、木綿・呉服商を開始しました。

年配の京都人は「大丸」のことは「大丸さん」と、さん付けで呼んでいますが、三〇〇年の歴史と、創業時より呉服商であったことに敬意を払っているからでしょうか。

大丸も高島屋も元々は呉服商だったことから、「〇に大の字」「〇に高の字」の商標がなんとなく古風な感じがするのも分かりますね。

幕末には、大丸と高島屋にちなむ、こんな面白いエピソードが残されていますので、ご紹介しましょう。

尊王攘夷・倒幕運動の嵐吹く京の町の治安維持にあたった新撰組の隊服といえば、映画やドラマでもお馴染みの、袖口にだんだら模様を染め抜いた浅葱《あさぎ》色の羽織でしょう。

じつは、一年でそれは廃止されてしまうのですが、大文字屋呉服店（大丸屋）が作製したものと伝えられています。近藤勇や土方歳三、沖田総司も着用したのですね。

ところが、「誠」の一字を染め抜いた隊旗は高島屋に発注したそうで、高島屋がもともと木綿商であったところから、隊服と隊旗は別々のところで誂えたのでしょうか。面白いですね。

創業以来、何百年も呉服を中心として展開していた商売を、洋服はもとより衣食住すべての物品を扱う百貨店へと変身するために、昭和初年には大丸も高島屋も、ともに「呉服店」の名をはずしました。

しかし、今日でも呉服には力を注いでいますから、キモノ・コーナーは一見の価値があります。きっと、キモノの知識や審美眼が養われることと思います。

Column

カタログ販売のさきがけ『三越カタログ』

最近は、わざわざデパートなどのお店に出かけなくても、カタログ販売やオンラインショップなども充実し、欲しいものが手に入る時代になりました。

ところでカタログ販売の始まりは、意外にも早く明治時代末期で、明治四〇年（一九〇七）には三越呉服店（現・三越伊勢丹）が「時好」（一九一〇年に「三越カタログ」に改称）を発行したことに端を発しています。当時、顧客数は三〇万人を超え、注文が殺到し、毎日の発送数は一〇〇〇件以上になったそうで、通信販売業界第一位を誇ったそうです。

三越呉服店の前身は、延宝元年（一六七三）、三井高利（一六二二～一六九四年）が「店《たな》前現銀《さきげんきん》売り」「現銀掛値《げんきんかけね》無し」「小裂《こぎれ》何程にても売ります」など、画期的な商法を打ち出した三井越後屋ですから、カタログ販売商法も時代を先取りしていたのですね。

28 香のある暮らし

お寺の町・京都には、「香」のかおりがよく似合います。

「香」といえば伽羅《きゃら》・沈香《じんこう》・白檀《びゃくだん》などが代表的なものですが、熱帯・亜熱帯地域に産する埋没木で、日本には自生するものはありません。

これらが海を超えて日本にやって来たのは、推古天皇三年（五九五）四月のことで、『日本書紀』によれば、淡路島に流着した漂着木（沈香）を燃やしてみると、えもいわれぬ香《かぐわ》しい香りであったと伝えられています。

その後、芳香を放つ「香」は、仏教において珍重され、「香華《こうげ》を手向《たむ》ける」という言葉があるように、仏前に香を焚いて供える「供香《ぐこう》」、花を供える「供華《くげ》」は、供養の基本とされました。

平安時代には香の種類は四〇数種にものぼり、代表的な香である、沈香・丁子・薫睦香《くんぼくこう》・貝香《かいこう》・白檀《びゃくだん》・麝香《じゃこう》は「六和香《りくわごう》」と呼ばれ、これらをベースにして独自の香が調製されるようになりました。

八世紀頃には、粉末にした香木などを、梅肉や蜂蜜で練り固めた練香《ねりこう》が発達し、貴族たちのあいだでは、それを室内で燻《くゆ》らす空薫物《そらだきもの》が大流行しました。さらに、装束や髪に香を焚きしめる「薫衣《くんえ》」や「薫髪《においがみ》」も行うようになり、身体を飾る術《すべ》ともなりました。

お洒落な平安貴族のことですから、一年中、同じ香りでは飽きたらず、春には梅の香りに似た「梅花」、夏には蓮の花の香りを想起させる「荷葉《かよう》」、秋は「菊花」、冬は「黒方《くろぼう》」というように、四季の移ろいを反映した香を用いて香りを楽しんだのです。

『源氏物語』には香を楽しむ様子が多く描かれ、美貌の公達・匂宮《におうのみや》は、生来、芳んばしい体臭を持つ薫大将に対抗して、入念に「薫衣」を行っていたと記されています。

また、柏木と女三の宮との密通が露見しそうになったのも、懸想文《けそうぶみ》（恋文）の移り香《が》であったとされています。柏木と分かる香しい香りがしたのでしょうね。彼らは誰にもマネができない自分だけの香りを追求し、たくさんの香の中から秘伝の調合を編み出すことに余念がなかったのでしょう。

このような飽くなき探求は、香の優劣を競う「薫物合《たきものあわせ》」という遊びを誕生させるにいたりました。

たとえば、『源氏物語』梅枝《うめがえ》の巻に描かれた「薫物合」では、光源氏が調合した「侍従《じじゅう》」という香は「なまめかしく、なつかしい香り」、また紫の上の「梅花」は「今風で少々、鋭い感じのする新配合」と評されています。

「供香」から「薫物」への新しい展開は、香が平安貴族の日常生活に彩りを添える存在であったことはいうまでもありませんが、同時に、自己表現の手段でもあったといえるのではないでしょうか。

現代のわれわれも、いろいろなお香がありますから、お手軽なものとして線香を焚いたり、匂い袋を持つなどして、平安時代にタイムスリップしてみてはどうでしょうか。

「香」には、集中力を高める、心を静める、リラックスさせる、そんな効果があるといいますから、ストレスの多い現代人には、うってつけかもしれませんね。優雅な気分にもなれること、うけあいです。

香を鑑賞する・聞香《もんこう》

平安貴族の愛した香は、室町時代に入って「香道」として発展しました。香道では、直接、香に点火するのではなく、雲母《うんも》の板の上にのせて、香りを発散させる方法をとります。

このような鑑賞の仕方を聞香《もんこう》といいますが、とても微かな香りですか

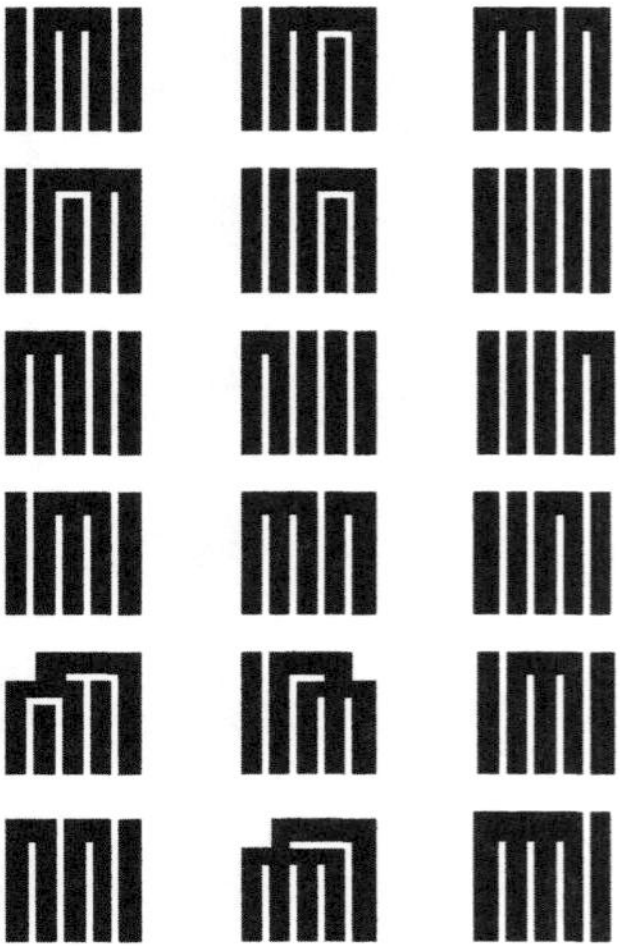

Column

ら、聞き分けるのには集中力が必要となります。源氏香や三種香などが有名で、京都の香木店では体験することができます。

　ちなみに、天下の名香、蘭奢待《らんじゃたい》（長さ一・五メートル、重量一・五キログラム）は、天正二年（一五七四）三月二七日、織田信長によって奈良・東大寺正倉院中倉から運び出され、約六センチメートルほど切断し、半分は正親町《おおぎまち》天皇に、残りは信長が手にしたと伝えられています。

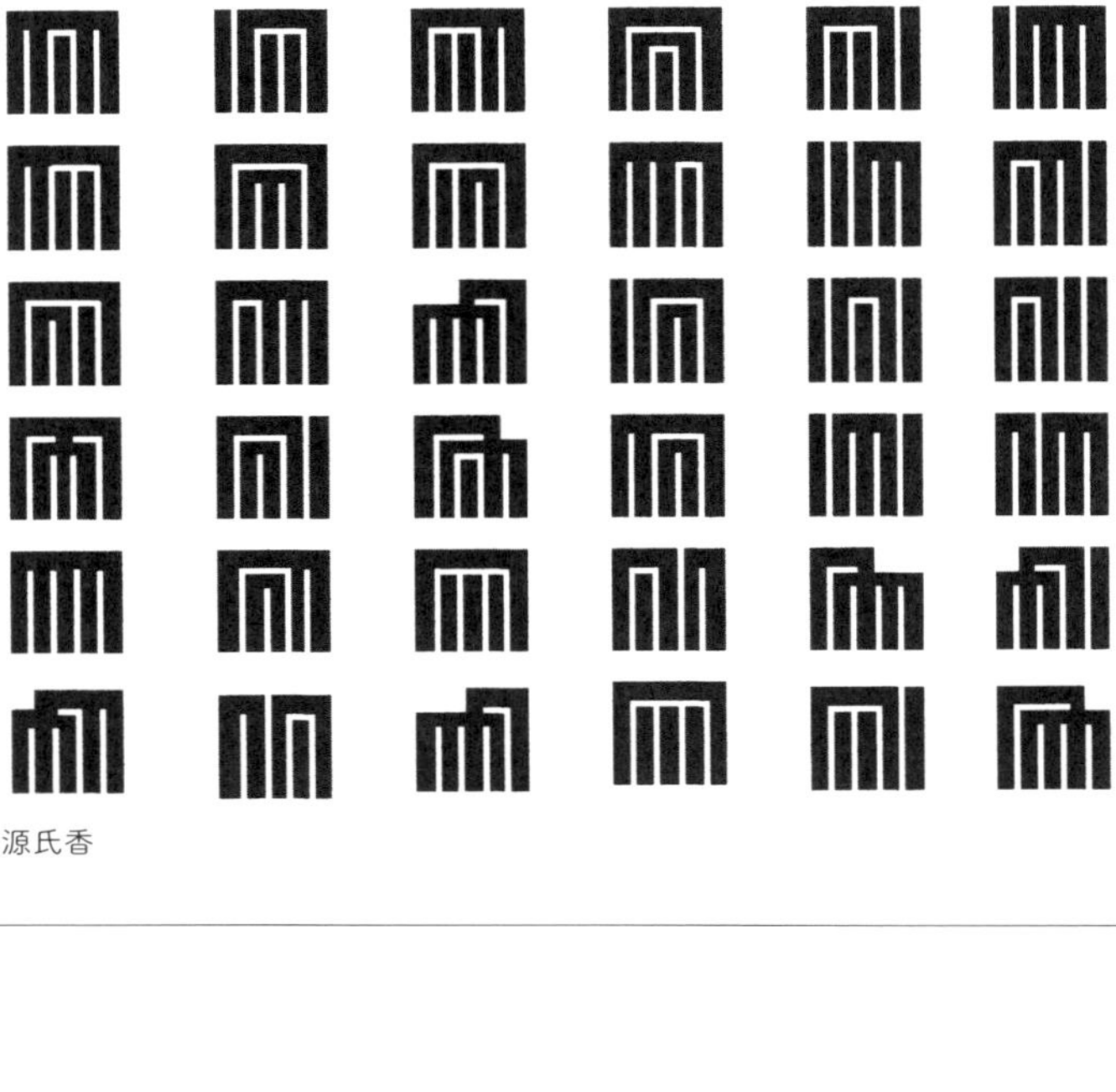

源氏香

29 扇子は涼を呼ぶ、だけではない

扇子はキモノの必須アイテムですが、地球温暖化にともない猛暑の夏が多くなってきたためか、洋服にも違和感なく使用され、若者へも浸透しています。

現在、一般的に使われている扇子は、竹製の扇骨《おおぎぼね》に、三枚の紙を貼り合わせた扇面に差し込んだ紙扇子ですが、その祖型は平安時代初期に誕生した「蝙蝠扇《かわほりおうぎ》」です。

蝙蝠扇は、五本ほどの扇骨に金銀砂子彩絵した扇紙を片面貼りした大ぶりの扇です。広げた形状が蝙蝠《こうもり》が翼を広げた様子に似ているところから蝙蝠扇と名付けられたとの説もあり、招涼用であったことから「夏扇」との別称もありました。

たとえば、『源氏物語絵巻』橋姫の巻や東屋・二の巻には、夏の直衣《のうし》を着た薫大将が、蝙蝠扇を広げて手に持っている様子が描かれています。

八重葎《やえむぐら》が生い茂る庭の様子、透垣《すいがき》に蔦がまとわりつく夏季の風情が確認でき、蒸し暑い京の都では、蝙蝠扇は手放すことができない必須アイテムだったのでしょう。

さて、蝙蝠扇と同時期に誕生したといわれる「檜扇《ひおうぎ》」は、檜の薄板を糸で綴り合わせたもので、

「冬扇」とも称されました。

蝙蝠扇のように送風のために使用することはなく、男性は束帯《そくたい》、女性は唐衣《からぎぬ》裳《も》装束（十二単）などの、盛装の時に閉じたまま所持し、威儀を整えました。男性用は白木のままですが、女性用は泥絵《だみえ》（金泥や銀泥で描いた絵）を施した華麗なものとなりました。

『和国諸職絵尽』扇を折る女

しかし、平安貴族の女性たちには、威儀用だけではない活用法があったのです。
彼女たちは成人後は、たとえ親兄弟であっても男性には顔を見せてはならないとの礼節があったため、几帳《きちょう》や御簾《みす》のないところでは、檜扇を広げて翳《かざ》すことで、顔を見せないようにしたのでした。
ところで、檜扇にまつわる情熱的な話が『源氏物語』花宴《はなのえん》の巻に記されています。
紫宸殿の南庭の桜を愛でる花宴の後、ほろ酔い気分の光源氏は名も知らぬまま、朧月夜《おぼろづきよ》の君と契りをかわします。その証《あかし》として互いの檜扇を交換して分かれるのです。

後日、檜扇をみて、一夜を過ごした女性が朧月夜の君であったと分かったというのですから、驚きとしかいいようがありませんね。

さて、京都では結婚披露宴などに招待された親類縁者は、披露宴会場で当日、御祝を差し出すのではなく、大安吉日を選び、午前中に新郎あるいは新婦の自宅に、御祝にうかがうというしきたりがあります。

その時、金封だけを差し出すのではありません。白木の片木《へぎ》という正方形の白木の台に、目録・金封・熨斗《のし》・末廣を載せて祝意を表すのです。

熨斗は、もともとは鮑《あわび》を叩いてのした（伸ばした）熨斗鮑が用いられていましたが、今は簡略化されて黄色い紙で代用されています。熨斗は延寿に通じ、鮑は長寿をもたらす食べ物であるとされたため、縁起物には不可欠なものでした。

末廣とは扇子のことで、扇を広げたかたちが「末広がり」であることに由来し、末永く幸せであるようにとの願いが込められています。

扇子は涼風を送るだけでなく、さまざまな意味をもっていますので、わきまえて使いたいものですね。

Column

扇子の種類

生地扇子　扇面が生地でできた片面貼りの扇子。刺繍やプリントなど華やかな加工がされています。

白檀扇子　香木・白檀の薄板を重ねた板扇で、透かし彫りが美しく、あおぐとほのかな白檀の香りがします。

舞扇子　能楽や日本舞踊などで用いられる骨数の少ない、大ぶりの扇子。能楽では流派によって扇面の図様が異なります。

飾り扇子　扇面に極彩色の模様を描き、扇子立てにのせて、インテリアとして用います。

茶扇子　茶の湯に使用する紙扇子で、挨拶を行うときは膝前に置いて、相手を敬う気持ちを表します。五～六寸程度（一五～一八センチメートル）の小さな扇子で、流派、性別によって差異があります。

祝儀扇子　冠婚など祝い事に用いるもので、片方を金、他方は銀とされています。

＊京扇子の骨は、滋賀県高島市でつくられたものを使っています。高島扇骨は全国シェアの約九〇パーセントを占めているそうです。

白檀扇

30 風呂敷の不思議

現在、エコバックや手提げの紙袋が多用されていますが、日本古来の風呂敷は物品の大小、形状に関わらず包むことが可能で、これほどエコで運搬に便利なものはありません。

風呂敷は、奈良時代頃から存在したようで、『倭名類聚抄』には「古路毛都々美《ころもつつみ》」、源雅亮《みなもとのまさすけ》が著した『満佐須計装束抄《まさすけ》』には「平包《ひらづつみ》」と記され、装束を包んだのが風呂敷のはじまりだったようです。

それらは、大阪・四天王寺蔵『扇面古写経冊子』の下絵に、装束を布で包んで頭上に戴いて運ぶ様子が描かれていることからも窺い知ることができます。

さて、「平包」が「風呂敷」と呼ばれるようになったのは、室町時代のころのようです。当時の風呂は蒸し風呂で、入浴する際、蒸気を拡散し、風呂内の温度を均等にするために、床や簀の子に敷物をしたことによるのだそうです。風呂に敷いた布＝風呂敷とは、当意即妙な命名ですね。

また、足利義満が造営した大邸宅・室町殿は「花の御所」とも呼ばれるほど華麗なもので、そのなかに大湯殿が造られていました。義満は大名たちを招いて大湯殿を提供し、その後、食事を出して接待したそうです。

つまり、入浴は「おもてなし」の一環だったのです。彼らは、入浴に際し、脱いだ衣服を他人と間違えないように布に包み、湯上がりに、この布の上で装束を整えたといいます。

唐草模様

これが「風呂敷」が用いられた最古の記録で、お風呂との深い繋がりを物語っています。

現在、風呂敷は二幅（約六八センチメートル）か、二尺幅（約七五センチメートル）のものが一般的に使用されていますが、四幅（約一二八センチメートル）、五幅（約一八〇センチメートル）、六幅（一反風呂敷ともいう。約二〇五センチメートル）、七幅（約二三八センチメートル）などがあり、座布団や布団が包めるほどのものもあります。

今では、そんな大きなものは、めったに使われませんが、明治から昭和にかけては木綿の唐草模様の大風呂敷は、どこの家庭にもありました。

風呂敷包み

時代劇などで唐草模様の風呂敷で包んだ大きな荷物を背負っているといえば、泥棒の代表的なスタイルですが、唐草模様の風呂敷を持参して泥棒に入ったのではないそうです。泥棒に入った家のものを使っていたそうですから、それほど唐草模様の風呂敷は普及していたのですね。

また、大丸のマスコット「丁稚さん」は商標の入った前掛けをしたキモノ姿に、大福帳を下げ、商売物を唐草模様の風呂敷で包み背負っています。なんとも、微笑ましい姿ですが、古来の商いスタイルを彷彿とさせてくれます。

現在、風呂敷は木綿のほか、縮緬《ちりめん》やナイロンで製されていますが、実用品としてよりも贈答品としての色彩を強め、京都では縮緬の風呂敷は御祝の返礼などに使われます。
けれども、菓子折などを縮緬の風呂敷に包んで持参するだけでも、なんとも奥ゆかしさが醸し出されますから、風呂敷の実用性を再認識し、もっと日常生活に活用したいものですね。

Column

縮緬《ちりめん》

縮緬とは経《たて》糸に撚《よ》りのない生糸、緯《よこ》糸に強撚糊つけの生糸を用いて織った絹織物で、精錬すると布が縮み、特有のシボ（凹凸）が表れるのが特徴です。天正年間（一五七三〜九二年）、中国・明《みん》の織工が日本に伝え、京都西陣で織られようになって大成し、全国に織法が伝えられました。

現在では、京都丹後地方で織られる「丹後縮緬」、滋賀県長浜市の「浜縮緬」が有名です。ちなみに、時代劇「水戸黄門」の中で、黄門様は「越後の縮緬問屋の主人」と名乗っていますが、新潟県十日町でも織られているからでしょう。

第Ⅲ部

逍遥する

31 漫画は千年の古都から

漫画は「Manga」と表記して、今や、世界的に通じる言葉となり、新たな文化を生み出す存在にまでなっています。

しかし、一九五〇年代、子供文化の中心として漫画が普及すると、ＰＴＡや「日本子どもを守る会」などが中心となって漫画バッシングが展開し、手塚治虫の代表作『鉄腕アトム』ですら「焚書」の対象となったそうです。

高度経済成長期以降、漫画は読者層、技法別に分類されるとともに、テレビアニメと漫画が連携するようになりました。一世を風靡した『ベルサイユのばら』は、宝塚歌劇団において演劇作品（一九七四年初演）となったほか、『ONE PIECE』は四代目市川猿之助丈によってスーパー歌舞伎Ⅱ「ワンピース」として演出、上演（二〇一五年初演）されるなど、演劇界にも影響を及ぼしています。

さて、これほどまでに愛される存在となった漫画の歴史をひもといてみますと、日本最古の漫画は『鳥獣人物戯画』（国宝）で、京都栂尾《とがのお》・高山寺に伝えられてきました。作者は漫画の

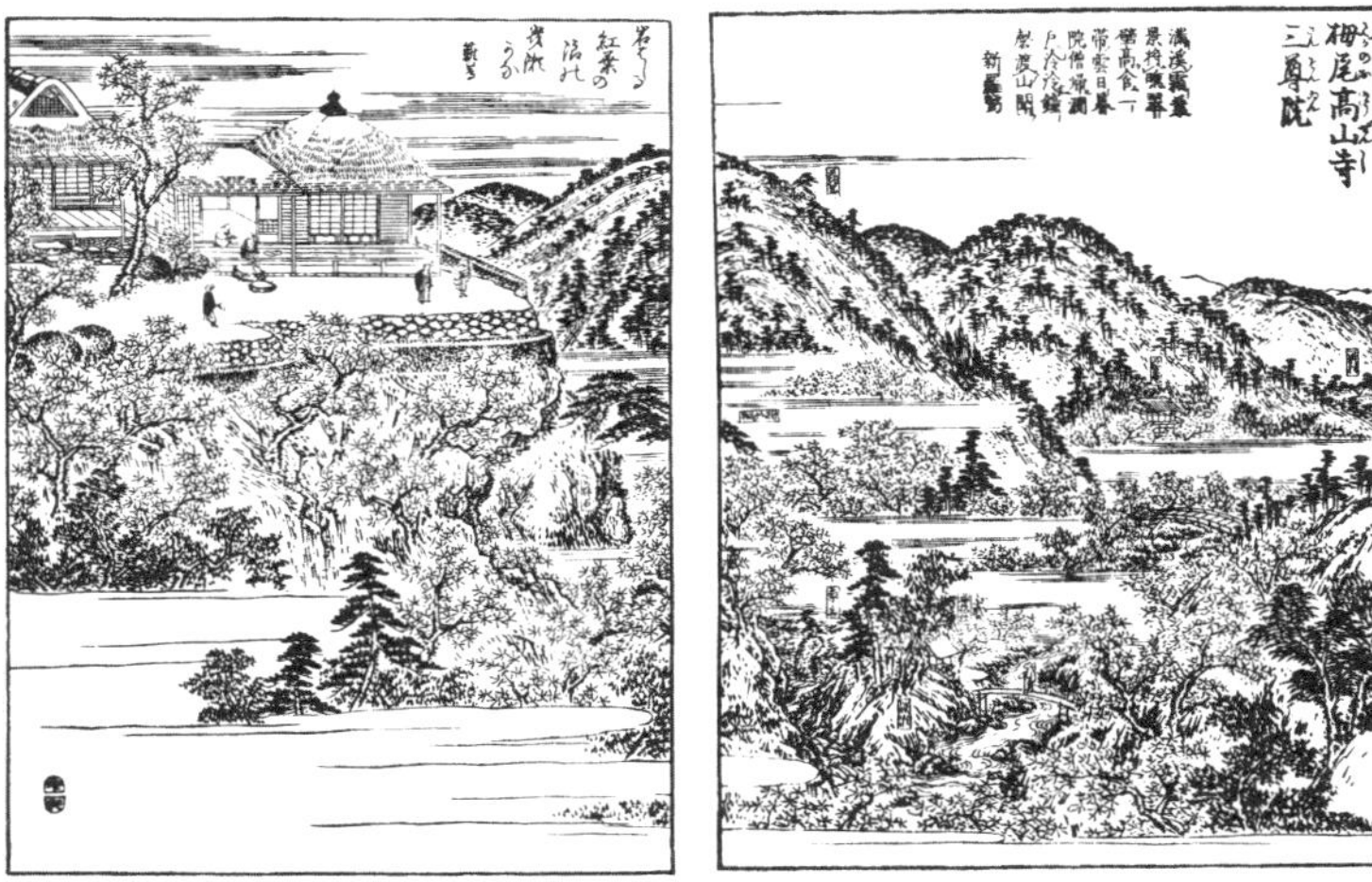

『都林泉名勝図会』高山寺

始祖ともいわれる鳥羽僧正覚猷《かくゆう》（一〇五三〜一一四〇年）といわれ、たった三日で退任しますが、天台座主にもなった高僧でした。

高僧でありながら、なかなか機智に富む僧侶だったようで、臨終に際して弟子たちから遺産分与について遺言を求められると、「遺産の処分は腕力で決めよ」と言い遺したそうです。

また『古今著聞集』「鳥羽僧正絵を以て供米《くまい》の不法に付き諷する事」には、

「鳥羽僧正は近頃では、並ぶ者のない絵描きである。……いつの頃の事なのか、供米（神仏に供える米）に不正があった時、突風が吹いて米俵が舞い上がり、それを取り押さえようとして寺男や法師が走り回っている有様を絵に描かれた。……上皇は面白おかしく描かれた絵を気に入り、絵の意味を僧正に尋ねると、『実は米俵の中には、糟《かす》や糠《ぬか》を入れておいたので軽くなっていました』と答えた」と、不正を知った僧正が、得意とする絵筆をもって告発したということが記されています。ちなみに、それ以後は不正はなくなったというのですから、万々歳ですね。残念ながら、この絵は現存しませんが、きっと滑稽なものだったことでしょう。

この逸話が伝えるようにユーモアと風刺精神に富んだ画風は、『鳥獣人物戯画』にいかんなく発揮されています。たとえば、『鳥獣人物戯画』は四巻ありますが、ウサギ・カエル・サルなどが擬人化して描かれている甲巻が有名で、そのなかに「法会《ほうえ》の遊び」と呼ばれる場面があります。

須弥壇《しゅみだん》に、蓮の葉の上に結跏趺坐《けっかふざ》したカエルが阿弥陀如来よろしく鎮座し、その前では袈裟をつけたサルがお経を唱えているのです。何ともユーモラスな場面ですが、平安時代末期に大流行した浄土信仰に対する風刺だと考えれば、ふるっていますよね。

さて、平成一八年(二〇〇六)一一月、京都国際マンガミュージアムが開館しました。なぜ、京都にマンガミュージアムが作られたのかと、いぶかる人も多いかもしれませんが、『鳥獣人物戯画』が誕生した地が京都であることを思えば、当然の成り行きともいえるのではないでしょうか。

何たって、漫画と京都は、千年の昔から赤い糸で結ばれていたのですからね。

一年中ではありませんが、京都国際マンガミュージアムのそばを走る京都市営地下鉄烏丸線には、アニメのキャラクターで車両の内外をデコレーションしたアニメ列車「京まふ」号が運行されていますので、乗車できれば幸運ですね。

Column

京都国際マンガミュージアム

京都国際マンガミュージアムは、マンガ学部を有する京都精華大学と京都市の共同事業として管理・運営されています。施設は廃校となった龍池《たついけ》小学校（一九一八年創立）の校舎（一九二九年建設）を改築したもので、連続するアーチ型の窓など、昭和初年の雰囲気を残すレトロな建物を上手く再利用しています。施設は平成二〇年（二〇〇八）に国の登録有形文化財に登録されました。

このミュージアムには明治時代の雑誌や戦後の貸本などの貴重資料をはじめ、現代の人気マンガ作品など約二五万点が所蔵されているほか、最大の見所は二〇〇メートルにも及ぶ書架で、「マンガ本の壁」と呼ばれ約五万冊がビッシリ並べられている様子は圧巻です。

そして、このマンガ本は屋外へ持ち出し可能で、一面、芝生を敷き詰めた中庭（旧運動場）で自由なスタイルで読むことができるのです。もちろん、寝そべって読むのもＯｋですから、ホッコリできますね。（京都市中京区烏丸通御池上ル金吹町。京都市営地下鉄烏丸御池下車。）

32 南禅寺界隈——別荘群の庭園

明治新政府が行った宗教政策「廃仏毀釈」の荒波は、大伽藍を有する京都の寺々を呑み込みました。

たとえば、東山山麓に大伽藍を築き、京都・鎌倉五山の上に置かれ別格扱いの寺勢を振るった南禅寺も、明治四年（一八七一）に布告された寺社領上知令によって多くの寺領を失うことになりました。

さらに、明治一八年（一八八五）から始まった琵琶湖疏水工事によって、強制的に水路が境内南端を通ることになったのです。この疎水工事で建設されたのが赤煉瓦《れんが》造りの「水路閣」で、今ではサスペンスドラマには欠かせないロケ地となっています。

さて、明治中期になると新政府に召し上げられた寺領は民間人に払い下げられ、富裕な政財界人が、「無鄰菴《むりんあん》」「碧雲荘《へきうんそう》」「對龍山荘《たいりゅうさんそう》」「何有荘《かいうそう》」「怡園《いえん》」「清流亭」など一五邸もの広大な別荘を築造しました。

これら別荘群の先駆け的存在ともいえるのが、南禅寺参道前に明治二九年（一八九六）に完成した山縣有朋別邸「無鄰菴」（国の名勝。左京区南禅寺草川町）で、作庭には七代目小川治兵衛（通称、屋号の「植治」と呼ぶ。一八六〇～一九三三年）が携わりました。

山縣有朋はみずから作庭にあたり、植治に三つの注文を出したといいます。一つ目は明るい芝生の空間を設けること。二つ目はこれまでの造園では脇役的存在であった樅《もみ》・杉・檜などを多く植栽すること。そして、三つ目は完成したばかりの琵琶湖疎水の水を庭に引き込むことでした。枯山水の手法で造られた悟りを現すという禅寺の庭や、侘び寂びを表現する茶庭とは一線を画する趣向でした。

この難しい注文を見事に具現化し完成させた池泉廻遊式庭園は、東山を借景にして琵琶湖疏水から水を引

水路閣

き入れたもので、後世、「植治流」とも呼ばれるようになりました。「植治の庭」は、伝統を守りながらも開放的で明るく、自然を多く取り入れた新しいスタイルの庭園の誕生だったといえます。

その後、植治は次々と南禅寺界隈の別荘群の作庭を手がけますが、最大の庭園は大根畑を切り開いた「野村別邸 碧雲荘」(重要文化財。左京区南禅寺下河原町)です。二代目野村徳七(野村證券や旧大和銀行などの創業者。得庵《とくあん》と号す。一八七八~一九四五年)のお屋敷で、別荘群最大の敷地(約七〇〇〇坪)を誇る大邸宅の半分を大池泉が占める壮大な庭園には、それぞれ趣きを異にした九つもの茶室が点在しています。

親交のあった数寄者・高橋箒庵《そうあん》(三井呉服店や王子製紙の要職を歴任した実業家。一八六一~一九三七年)は、「藤原時代の絵巻物をみるような庭園」と評したそうです。

南禅寺の前身は、文永元年(一二六四)に亀山天皇が造営した離宮でしたから、もともと風光明媚な好適地であることはいうまでもありませんが、六〇〇年の時空を超えて大別荘群が築かれたのも何かの因縁でしょうか。

Column

植治の庭

　南禅寺界隈の別荘群の庭園は、非公開のものが多いのですが、昭和一六年（一九四一）、京都市に寄贈された「無鄰菴」は唯一、一般公開されています。さらに、また、次のような作庭園は公開されていますので、堪能できますよ。

【左京区】　平安神宮神苑（国の名勝）・旧上田秋成邸庭園（現・京料理とお庭のお宿　八千代）・旧寺村助右衛門別邸（現・南禅寺参道　菊水）

【東山区】　円山公園（国の名勝）・八坂神社神苑・京都国立博物館庭園・葵殿庭園（ウェスティン都ホテル京都）

円山公園

33 諸行無常の美貌の皇后

絶世の美女は薄幸で、薄命であるというイメージがありますが、類い稀なる美貌を誇った嵯峨天皇の皇后・橘《たちばなの》嘉智子《かちこ》（七八六〜八五〇年）の最期は、少し違っていました。

彼女の出自・橘氏は文武天皇の乳母《めのと》を務めた三千代（六六五〜七三三年）に始まり、諸兄《もろえ》（六八四〜七五七年）、平安の三筆のひとり逸勢《はやなり》（？〜八四二年）らが活躍しましたが、源氏・平家・藤原氏などと比べると勢力は振るいませんでした。

そのような状況の中で、一族の希望の星となったのが、嘉智子だったのです。弘仁六年（八一五）、立后《りっこう》し、橘氏はじめての皇后が誕生しましたが、これが最初で最後でした。

彼女は、後年、禅の教えに帰依し、その真髄を知りたいと考え、恵萼《えがく》を唐に遣わせ、禅僧の来朝を懇願したのでした。師は円仁の『入唐求法巡礼行記《にっとうぐほうじゅんれいこうき》』によりますと、

「唐の会昌元年（八四一）、五台山にわたって嘉智子皇后から依託された宝幡《ほうはん》・鏡奩《きょうれん》などの贈り物を渡して、禅の教えを希う皇后のために禅僧の来朝を願い出た」

とあります。承和一四年（八四七）、義空《ぎくう》が来朝し、皇后はそのために嵯峨野に檀林寺《だんりんじ》を創建し、

広隆寺前を走る嵐電

日本で最初に禅を講じた寺となりました。それゆえ、嘉智子皇后は檀林皇后と呼ばれるようになったのです。

義空は皇后の求めに応じて「四大元空《しだいげんくう》」、つまり、地・水・火・風の四大元素からなる人間の身は、命尽きると元の空（無）に戻ってしまうという無常の理《ことわり》を説くと、老境にいたった皇后の胸に大いに響き、皇后は深い理解を示したと伝えられています。

皇后は死に臨んで「亡骸は埋葬せずに、路傍に打ち捨てよ」と言い残しました。それは、風葬といって遺体を野ざらしにして風化を待つというものです。平安時代には一般庶民に行われた葬制ですが、貴人は火葬されることが多く、ましてや皇后であった女性《にょしょう》が庶民のように風葬を望んだのですから、周囲の人々の驚きは想像を絶するものであったと思われます。

皇后の遺言に従い、亡骸は路傍に放置され、朽ち果て白骨化していくさまは衆人に晒され、その有様を見て人々は世の無常を心に刻んだと伝えられています。以後、その場所は「帷子《かたびら》の辻」と呼ばれるようになりました。

さらに、亡骸が白骨化していく有様を九段階に分けた、「檀林皇后九相図《くそうず》」として描かれました。絶世の美女の最期としては、あまりにも衝撃的ですが、堅固な仏心からくるものとしか思われません。

「帷子の辻」は、京福電鉄が運営する「嵐電《らんでん》」の駅名ともなっていますので、沿線のお寺巡りをする機会があれば、檀林皇后のことを思い出してくださいね。

Column

日本一幅が狭い嵐電・山ノ内の駅

【北野線停車駅】

北野白梅町↓等持院↓龍安寺↓妙心寺↓御室仁和寺↓宇多野↓鳴滝↓常盤↓撮影所前↓帷子の辻

【嵐山線停車駅】

四条大宮↓西院《さい》↓西大路三条↓山ノ内↓嵐電天神川↓蚕《かいこ》ノ社《やしろ》↓太秦《うずまさ》広隆寺↓帷子の辻↓有栖川↓車折神社↓鹿王院↓嵐電嵯峨↓嵐山

嵐山線山ノ内駅には駅舎がなく、二車線ある車道の中央に設けられた安全地帯がホームになっています。それも、幅がたったの六〇センチメートルですから、「日本一幅が狭いホーム」として有名で、まるで平均台のようです。電車が通らないときは線路の上を自動車が走行しますので、ホームで電車の到着を待っていると、ホームの両側を自動車が走り、風圧にも負けてしまいそうです。

危険極まりないホームのようですが、歩道に「電車が到着してからホームにお渡り下さい」との注意書きの看板が立てられています。さらに、電車が近づくと車道の信号が赤に変わるという仕組みになっていて、乗降客の安全が図られているのですね。

34 近代化日本の余香が漂う三条通

風雲急を告げる幕末、坂本龍馬の尽力によって薩長同盟の密談が始まったのは、京都御苑と相国寺の大伽藍に挟まれた薩摩藩二本松邸でした。

明治維新後、約六〇〇〇坪にも及ぶ旧薩摩藩二本松邸は、元会津藩士で京都府顧問も務めた山本覚馬《かくま》（一八二八～一八九二年）の所有となりました。盲目となった覚馬はキリスト教を信仰し、その精神に基づいて設立される同志社英学校の校地として、その土地を譲渡したのです。

その後、明治一九年（一八八六）、D・Cグリーン設計の礼拝堂（重要文化財）が築かれたのをはじめとして、外国人建築家が設計した赤レンガの洋風建築の学舎が次々と建設されていきました。

さて、明治二〇年代初頭から、日本人建築家が洋風建築の設計を手がけるようになり、寺町通から烏丸通までの約七〇〇メートル間の三条通に、それらが誕生していきました。

たとえば、明治三五年（一九〇二）、逓信省技師の吉井茂則と三橋四郎の設計によるネオルネッサンス様式を取り入れた赤レンガ造の京都郵便電信局（現・中京《なかぎょう》郵便局で、建設当初は京都

中京郵便局

中央郵便局。京都市登録有形文化財。三条通東洞院東入《ひがしのとういんひがしい》ル）も、そのひとつです。

　昭和三〇年代から郵便業務にも支障をきたすようになり、昭和四九年（一九七四）には局舎建て替え計画が持ち上がり、取り壊しが決定したのでした。しかし、日本建築学会近畿支部が「逓信建築の原点として、わが近代建築史上かけがえのないモニュメントである」などの要望書を郵政大臣に提出したほか、周辺地域からも存続の声が相次ぎました。

　その結果、内部だけを改装し、日本ではじめて「ファサード（外壁）保存」という工法を用い、機能と意匠を兼ね備えた郵便局に生まれ変わりました。ただし不思議なことに、「中京郵便局」の看板は、どこを探しても見当たらないのですが、赤レンガの建物自体が看板というわけなのですね。

一方、明治三九年（一九〇六）に建設された日本銀行京都支店（重要文化財）は、今なお、京都府立京都文化博物館別館として使用されています。設計はお雇い外国人として来日した建築家ジョサイア・コンドルの一番弟子辰野金吾（一八五四〜一九一九年）によるもので、赤レンガに白い花崗岩の横縞を調和させたデザインは、「辰野式」とも呼ばれるものです。

その後、辰野は東京駅（大正三年〔一九一四〕竣工。重要文化財）の建築も手がけましたが、関東大震災でも駅舎は無傷であった頑丈な建築法から、「辰野堅固」の異名をとったそうです。京都文化博物館別館も建設当時のまま、現在も活用できる所以はそこにあるのでしょう。

なぜ、三条通に洋風建築が点在しているのでしょうか。それは明治時代末年、四条通の道幅が拡張されるまで、三条通が京都のメイン・ストリートとして繁栄していたからです。そのため、中京郵便局が元は京都中央郵便局であったように、銀行や郵便局、生命保険会社など半公共的な建物が建設されたのでした。

現存する洋風建築からは、明治政府が目指した近代化日本の余香が漂ってくるようですね。

Column

蹴上《けあげ》ねじりまんぽ

「ねじりまんぽ」とは、三条通から南禅寺に抜ける歩行者用の小径にある赤レンガ造のトンネルのことです。「まんぽ」は京都や滋賀県の方言で小さなトンネルのことをいい、レンガの強度を増すためにねじって積み上げる工法のことを指すそうです。

琵琶湖疏水を計画した土木技術者・田辺朔郎（一八六一～一九四四年）によって設計され、明治二一年（一八八八）、南禅寺・水路閣とともに完成しました。トンネルの入り口には、当時の京都府知事・北垣国道の揮毫による、粟田焼きの「雄観奇想（素晴らしい眺めと優れた考え）」の扁額があります。

ねじりまんぽ

35 秀吉、寺町をつくる

京都には平安京造営以来の由緒ある烏丸通・室町通・大宮通・高倉通など南北を貫く通りがありますが、天正一八年（一五九一）に創設された「寺町通」という名の通りがあります。それは、天下統一を果たした豊臣秀吉が着手した京都大改造によるもので、この時、御幸町《ごこうまち》通・堺町通・不明門《あけず》通などが平安京の大路と大路のあいだに新設されました。寺町通もそのひとつでした。

寺町通は平安京のもっとも東を南北に貫いた東京極大路に相当するといわれ、北は鞍馬口通から南は塩小路あたりまで南北を貫くこの通りに、秀吉は洛中に散在していた寺院を集めて寺院区域を形成しました。

その時、北は鞍馬口通から南は五条通までに集められたお寺の数は、八〇にも及んだそうです。とくに、浄土宗・日蓮宗・時宗など鎌倉新仏教の寺々は強制的に移転させられたと伝えられ、これらは「お土居」とともに要塞となる軍事的な機能も兼務させられました。

たとえば、寺町通御池下ルに一区画を占めている本能寺も秀吉によって移転させられた一例

で、もとは油小路《あぶらのこうじ》高辻から五条坊門《ぼうもん》の間にあり、世に名高い「本能寺の変」は旧地で起こった事件でした。『都名所図会』には、

「方丈の前の門は聚楽第《じゅらくてい》から移築したもので、左甚五郎作の素晴らしい彫刻が施されている。三十番神の社は、もとは愛宕《あたご》山権現の古社である。瓦葺なのは他に例を見ない。本堂の東には、当寺が旧地にあった天正一〇年六月二日に明智光秀の奇襲によって自害された（『信長公記《しんちょうこうき》』にあり）織田信長公の塔がある」

と記されていますが、天明の大火（一七八八年）、禁門の変（一八四〇年）などで堂宇は焼け落ちてしまい、左甚五郎の彫刻も目にすることができないのは残念です。

ちなみに、本能寺の変の兵火で堂宇を焼失したのをはじめとして、幾度も火難にあっていることから、「能」の旁《つくり》が「匕」

寺町通にある老舗小野珠数店

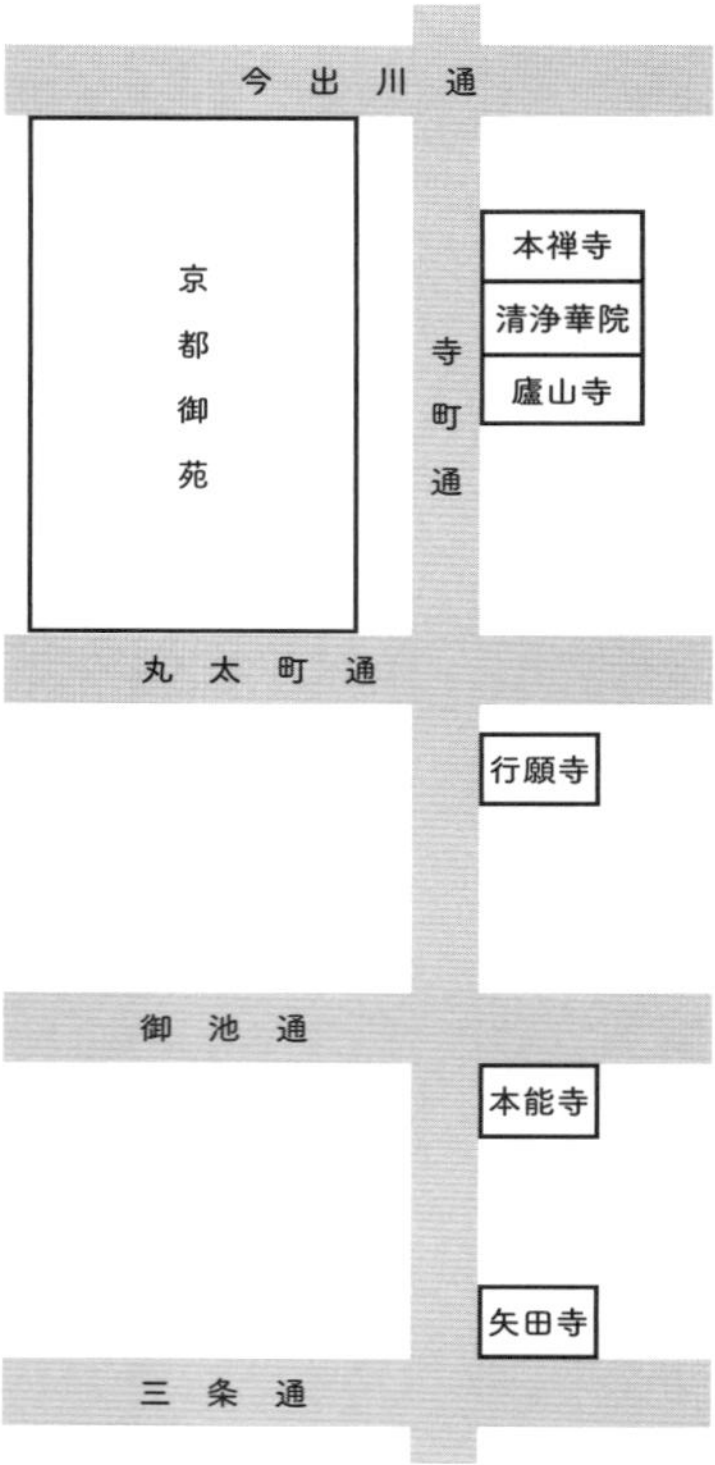

寺町通の寺院配置図（一部）

が二つ重なることを忌み、「能」の異体字を使用しています。

さて、現在、本能寺のある寺町通御池から矢田寺のある三条通までに「寺町専門店会商店街」が広がり、また三条通から四条通までは「寺町京極商店街」が続いています。若者ファッション店や雑貨店などが店を構えるなか、古美術商・画廊・組紐店・古書店・和紙専門店など、京都ならではの和のテイストあふれるお店が異彩を放っています。

とりわけ、数珠店・仏具店・薫香店・仏教書専門店など、お寺の門前通りであった風情を残す老舗の佇まいや店先を見るだけでも、充分、楽しめる魅力ある通りです。

Column

京都大改造で寺町通に移築された寺々

・上善寺《じょうぜんじ》
貞観五年（八六三）、円仁が天台密教の道場として創建したと伝えられていますが、現在は浄土宗寺院となっています。京都六地蔵の一つ。（北区鞍馬口通寺町東入ル）

・天寧寺《てんねいじ》
もとは会津城下にあったとされる曹洞宗寺院。茶人・金森宗和の墓所があることで有名。（北区寺町通鞍馬口下ル）

・清浄華院《しょうじょうけいいん》
浄土宗七本山の一つで、法然上人二五霊場の一つにも数えられています。元は京都御所の中にありました。（上京区寺町広小路上ル）

・本禅寺《ほんぜんじ》
応永一三年（一四〇六）に創建された日蓮宗寺院。境内鐘楼堂の鐘は、大坂冬の陣の陣鐘として使われたことで有名です。（上京区寺町広小路上ル）

・廬山寺《ろざんじ》
天慶元年（九三八）船岡山に開かれた與願金剛院《よがんこんごういん》が前身で、紫式部邸宅跡としても有名です。（上京区寺町広小路上ル）

・行願寺《ぎょうがんじ》
革堂《こうどう》とも呼ばれる、西国観音霊場第一九番の天台宗寺院。（中京区寺町通竹屋町上ル）

・矢田寺
平安時代、奈良県の矢田寺の別院として築かれたといわれる、西山浄土宗の寺院。梵鐘は六道珍皇寺の「迎え鐘」に対して、矢田寺の「送り鐘」として有名です。（中京区寺町通三条上ル）

36 鴨川に涼を求める

祇園小唄に、「夏は河原の夕涼み　白い襟足　ぼんぼりに　かくす涙の口紅も　燃えて身を焼く　大文字　祇園恋しや　だらりの帯よ」と謡われる河原というのは、もちろん、鴨川の河原のことです。

毎年五月から九月の暑い時期に、二条通から五条通にかけての鴨川西岸の飲食店では、鴨川のよく見える屋外の座敷で料理を提供する納涼床《のうりょうゆか》が設けられ、京の夏の風物詩となっています。もともと、納涼床は和食料理店が主流でしたが、近年、中華料理、フレンチ、イタリアンなども加わり、グローバル化してきています。

鴨川の河原の賑わいは『洛中洛外図屏風』からも知ることができますが、餓死者が八万人を超えた寛正《かんしょう》の大飢饉（一四六一年）では、鴨川が一面、餓死者で覆われ流れが止まったと伝わっています。

さらに三条河原では、豊臣秀吉の逆鱗に触れた秀次一族が斬首されたり、石川五右衛門の釜ゆでの刑が行われたり、少々、薄気味の悪い場所でもありました。

『都林泉名勝図会』四条河原の夕涼み其一（上）・其二（下）

しかし、秀吉の三条大橋・五条大橋の架け替えによって、芸能興行を目的とした見世物小屋が作られ、次第に活気あふれる河原へと変貌を遂げたのでした。

一七世紀半ばになると、鴨川の「床《ゆか》」が始められていたようで、寛永二年（一六六二）に刊行された中川喜雲著『案内者』に、盆地特有の暑さに耐えかねてか、人々が涼を求めて繰り出す様子が記されています。

さらに、『都名所図会』や『都林泉名勝図会』を見ますと、岸辺の茶屋には張り出し式の桟敷、中洲や浅瀬には所狭しと床几《しょうぎ》を並べた酒席が設けられ、岸辺の茶屋と中洲を行き来する大勢の人々の様子などが描かれています。

その頃、茶屋の数は四〇〇軒にものぼったといわれていますから、大変な賑わいであったと想像されます。また、『花洛名勝図会』には、

「六月七日の夜から一八日の夜まで、四条河原の両岸や浅瀬には、隙間なく床が並べられ席が設けられた。両岸の茶屋・茶店ともに提灯を張り、行燈をあげて、あたかも白昼のようであった」

とあり、まるで真っ昼間のような明るさだったとは、なんとも驚きですね。

まるで不夜城のような様子でしたが、大正四年（一九一五）、京阪電車鴨東線の延伸によって、東岸の納涼床は姿を消し、治水工事のため床几も禁止され、今日のように高床式のものとなり

ました。

納涼床が最盛期を迎える八月一五日、今出川通から三条通あたりまでの鴨川西岸からは、「京都五山の送り火」の夜、大文字の送り火を拝むことができます。

この送り火の「大」の文字を盃に映してお酒をいただくと、願い事が叶い、中風《ちゅうぶう》（脳出血などによって起こる半身不随、手足のマヒなどの病気）を患わず、無病息災で過ごせると言い伝えられています。

遊興にふけるだけでなく、祈りの心を忘れないのは素晴らしいことですね。

Column

貴船の川床

京の奥座敷とも称される洛北・貴船《きふね》にある料理旅館では、夏期には貴船川に床几形式「川床《かわどこ》」が設けられます。鴨川の納涼床よりも歴史は浅く、大正時代に入ってから始められましたが、鴨川の納涼床と並んで京の夏の風物詩とされています。

貴船は市街地と比べて気温が低く、川床の下を流れる貴船川のせせらぎを聞きながらの食事はもちろん最高ですが、空調機器に頼らない自然の涼しさを満喫できる贅沢さは格別です。

37 バザールでお宝をゲット！

京都のシンボル・東寺の五重塔は、木造塔としては日本一を誇っています。

東寺は平安京造営に際し、都を守護するために都の正門・羅城門《らじょうもん》の東に建立された官寺で、弘仁一四年（八二三）、嵯峨天皇は弘法大師空海（七七四〜八三五年）に下賜《かし》しました。

鎌倉時代以降、弘法大師信仰が流布し、東寺は「お大師様の寺」として、一般庶民にいたるまで広く信仰を集めました。

とくに、覲子《きんし》内親王（後白河天皇の皇女。一一八一〜一二五二年）は深く弘法大師に帰依し、夢告に従い、莫大な荘園を寄進しました。また、弘法大師が今も生きているかのように食事を捧げる「生身供《しょうじんく》」の儀や、毎月二一日、大師入滅の縁日に修される「御影供《みえく》」の法要などを創始したと伝えられています。

二一日は参詣者も多く、一五世紀初めから、社寺の門前や行楽地などで、茶を点《た》てて売り歩く「一服一銭」という商売が出現し、彼らの喉をうるおしたようです。

江戸時代には、『都林泉名勝図会』の「東寺御影供」にも描かれているように、植木屋や薬

『七十一番職人歌合』一服一銭

屋なども加わり、「市」と呼ばれるまでに発展したようです。

現在、早朝から日没までの終日、広い境内を埋め尽くすように一二〇〇店以上の露店が並び、「弘法さん」あるいは「弘法市」と呼ばれて親しまれています。

そこでは、骨董品、古着（とくにキモノ）はいうにおよばず、盆栽、植木、生鮮食料品、衣料品、雑貨、履き物など、ありとあらゆるものがならび、さながら大バザールの様相を呈しています。

さらに、一二月の「しまい弘法」は、正月用品も購入できるという利便さがあります。フリーマーケットのようですが、専門業者が出店しているのが特徴で、値段の交渉もできる楽しさがあります。

『都林泉名勝図会』東寺御影供

お宝を手に入れようとするならば、早朝に訪れるのが一番よいようですが、最近では「弘法市商店街」というホームページも開設され、出店地図や種類などの情報が提供されていますので、広い境内で迷子にならないように便宜が図られているのですね。

平安の昔、東寺の北東、七条大路に面して二町（約二八、〇〇〇平方メートル）ずつの広さを有する、外国使節の宿泊施設である東鴻臚館《こうろかん》が設けられ、さらに、王朝人の生活を支えた「東の市」という官営市がありました。

六町（約八四、〇〇〇平方メートル）を占める広大な「市」では生活必需品はもとより、唐や渤海国から輸入された舶来品などが商われ、『宇津保物語』に「人もさりあへず馬車立ち市のごとくののしる」と喩えられるように、老若男女で賑わいを見せていたようです。

きっと、今の「弘法さん」のような人出だったのでしょうね。

Column

毎月二五日は天神さん

二五日は北野天満宮の祭神・菅原道真の亡くなった日で、その日は「天神市」「天神さん」と呼ぶ市が立ち、境内の参道と東側の駐車場スペースに約一〇〇〇店ほどの露店が立ち並びます。早朝から午後九時頃まで開かれています。日没からは三五〇基の石灯籠、二五〇基の釣灯籠に明かりが灯されると、国宝の本殿、重要文化財の三光門（中門）などの社殿が明かりに包まれて、とても幻想的な雰囲気を醸し出します。夜間の露店めぐりもお勧めですよ。

38

曝涼——皐月の神護寺で頼朝と出会う

明治二一年（一八八八）、明治政府が行った全国各地の社寺などに対する宝物調査によって、奈良と京都にその所在が集中していることが判明しました。

それらを収蔵保管することを目的に、「帝国奈良博物館」と「帝国京都博物館」が建設されることになったのでした。

帝国京都博物館（現・京都国立博物館）の建設地は、明治政府によって没収された方広寺の跡地と決定し、宮内省内匠寮技師・片山東熊《とうくま》（辰野金吾と同期。一八五四〜一九一七年）が設計した赤レンガ造平屋建て、フレンチ・ルネッサンス様式の本館が明治二八年（一八九五）に竣工しました。

この建物は、現在、明治古都館（正門とともに重要文化財）と改称されていますが、玄関の破風《はふ》には仏教世界の美術工芸の神・毘首羯磨《びしゅかつま》と、その髪の生え際から生まれたという伎芸天とが向き合うレリーフがあり、フレンチ・ルネッサンス様式と違和感なく調和しているのは不思議ですね。

さて、京都国立博物館には、国宝や重要文化財などの所蔵品に加えて、社寺などからの寄託品も多く保管されています。そのひとつに神護寺三像のうち「伝源頼朝像」「伝平重盛像」（ともに国宝）の二幅の肖像画があります。

この肖像画を館外で鑑賞できる特別な日があります。それは、毎年五月一日から五日まで神護寺で行われる「曝涼《ばくりょう》」で叶えられます。

伝源頼朝像（神護寺蔵）

曝涼とは、平たくいえば「虫干し」のことで、一般には夏の土用《どよう》、つまり立秋の直前、七月下旬から八月上旬の好天の日に、キモノや本などを風に当てたりすることです。

お寺の曝涼は初夏から秋までのあいだに行われ、寺宝の保存状況などが調査されると同時に、「宝物曝涼展」と題して、この日に限って一般公開され、普段、目にすることができない寺宝を間近に鑑賞することができます。

『風俗画報』虫干し

　青紅葉の美しい初夏の神護寺では、曝涼の間、京都国立博物館に寄託されていた「伝源頼朝像」「伝平重盛像」が里帰り公開され、装束の地模様まで鮮明に見えるのですから、博物館のガラス越しでみるのとは雲泥の差があります。

　さらに、国宝『灌頂暦名』、国宝『釈迦如来画像』なども公開されます。

　このほか、大徳寺、妙心寺、真如堂、曼殊院、妙蓮寺などでも曝涼展がありますが、いずれも近頃、博物館で活用されるイヤホーンガイドなどのサービスはありませんので、予備知識をもって訪れることをお勧めします。

それでも、曝涼は虫干しですから、自然光で見ることができる千載一遇のチャンスであり、拝観料もリーズナブルですから見逃す手はないでしょう。

Column

曝涼展が開催されるお寺

大徳寺　毎年一〇月第二日曜日に、特別公開の本坊（重要文化財）において行われます。狩野探幽筆の障壁画（重要文化財）がある国宝の方丈には、牧谿《もっけい》の「観音猿鶴図」（国宝）をはじめ一〇〇点にもおよぶ寺宝が公開されます。（北区紫野大徳寺町にある臨済宗大徳寺派大本山）

妙心寺　毎年一一月三・四日に開催。（右京区花園妙心寺町にある臨済宗妙心寺派の大本山）

真如堂　毎年七月二五日に開催。（左京区浄土寺真如町にある天台宗寺院。正式名称は真正極楽寺）

妙蓮寺　毎年九月第二週の三日間開催。（上京区寺ノ内大宮東入ルにある本門法華宗の大本山）

39 京町家の坪庭は壷中の天

京町家は間口が狭く、奥行が深いことで、「鰻の寝床《ねどこ》」と揶揄されますが、その起源は一三〇〇年あまり前、平安京造営の都市計画にさかのぼります。

唐の長安の都を模した都市計画は、碁盤の目のように整然と区画整理された条坊制にのっとって行われました。庶民の住宅規模は間口五丈（一五メートル）、奥行一〇丈（三〇メートル）の「一戸主《いちへぬし》」という最小単位で、約四五〇平方メートル、すなわち、一五〇坪あまりの広さでした。

その後、豊臣秀吉の「地口銭《じぐちせん》」、つまり間口の広さによる課税政策の実施によって、一層、間口は狭まり、多くの京町家は間口二間（約三・六メートル）、奥行一〇～一二間（約一八～二〇メートル）になったといわれます。一層、狭くなったわけです。

一口に京町家といっても、表屋造りと呼ばれる大きな商家をはじめ、織屋建《おりやだて》（西陣織の織元）や仕舞屋《しもたや》（一般家庭）があり、それらに共通することは必ず、坪庭と呼ぶ一坪にも満たないほどの小さな庭が組み込まれていることです。

その庭には棕櫚竹《しゅろだけ》や篠竹《しのだけ》など軽やかな緑を数株、植栽し、石灯籠や蹲踞《つくばい》、飛び石など石のオーナメントが配置されます。

ただし、表屋造りには玄関横に作られた店庭（玄関庭ともいう）、一番、奥にある座敷庭（裏庭ともいう）と、坪庭の三つも庭を有していますので、各庭ごと趣きを変えた作庭となっています。

さて、京町家の坪庭は、鑑賞目的のためだけに作られたのではありません。実用も兼ね備えているのです。

細長い建物ですから、門口に近いところまでは外光が入ってきますが、奥になるほど届きま

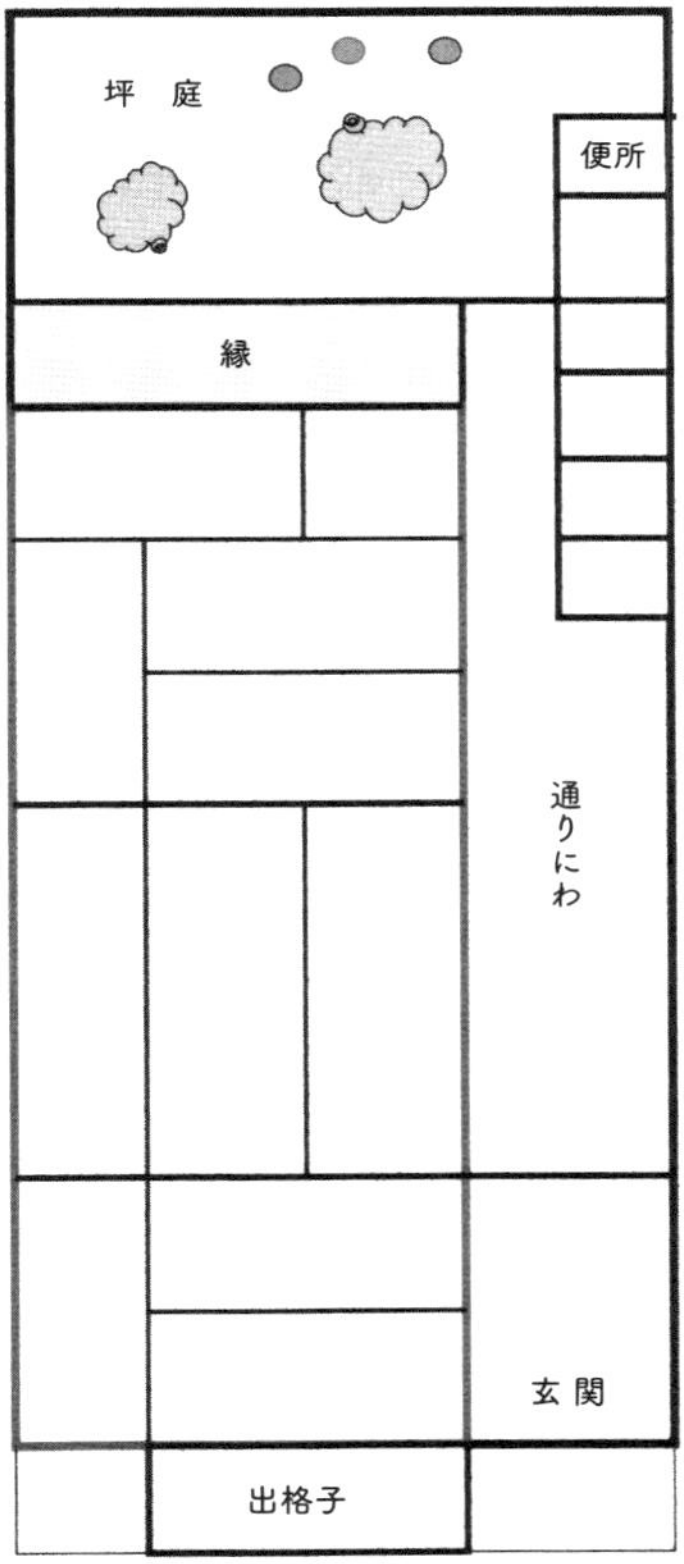

京町家（仕舞屋）の間取り

せん。坪庭を組み込むことによって、奥まで採光が可能になったというわけです。

さらに、風の通りがよくなり、暑い夏には庭に打ち水をすると涼しくなります。過密に建てられた京町家の中にあって、坪庭はとても贅沢な空間で、別天地ともいえますね。

この小空間を中国の諺《ことわざ》にならって「壺中《こちゅう》の天」などと呼んでいます。それは、『後漢書』方術伝に、

「後漢に費長房《ひちょうぼう》という役人は、薬売りの老人が店を閉めると、店先に掛けてある壺の中に飛び入るのを目撃しました。老人に頼み込んで、一緒に壺の中に入れてもらうと、立派な楼門があり、壮麗な御殿があったのです。美酒佳肴《びしゅかこう》が用意され、存分に楽しんだ後、また、壺の外に帰った」

とあります。坪庭は俗世を離れた、まさに仙境といえるのですね。

昭和二五年（一九五〇）、建築基準法改定により、鰻の寝床のような京町家の建築は認められなくなりました。京町家の保存が叫ばれるようになり、現在はレストランやカフェなど商業施設に活用されて、京都の風情を残しています。

Column

平安時代にさかのぼる坪庭の発想

平安京内裏において天皇の妻たちが住まう後宮《こうきゅう》五舎《ごしゃ》に、「壷」と呼ばれる中庭がありました。たとえば、『源氏物語』の主人公光源氏の母・桐壷更衣は北東の隅にある淑景舎《しげいさ》に住み、ここの壷には、桐の木が植えられていたことから桐壷とも称されていたのです。

同様に、昭陽舎《しょうようしゃ》は梨壷、飛香舎《ひぎょうしゃ》は藤壷、凝花舎《ぎょうかしゃ》は梅壷との別称があり、すべて壷に植えられている植物によるものです。

京町家の坪庭（京都・永山堂）

40 涼風を取り入れる

京都の夏は、じつに暑いのです。近年、最高気温の記録が更新されるたびに、酷暑や猛暑と表現されますが、京都の暑さは昔から「油照り」といわれるように、じっとしていても汗がにじみでてくるのです。

桓武天皇は四神《しじん》相応の地であるとして平安京新都を築きましたが、盆地特有の気候条件は厳しく、夏の暑さは殊更で王朝人を悩ませました。かの平安の才女・清少納言も『枕草子』のなかで、「ひどく暑い日中に、いったい、どうしたら暑さが凌げるのだろうと扇を使ってみたが、その風はなまぬるいものであった。氷水に手を浸したり、これでいい気持ちになったと騒いでみたり……」（いみじう暑き昼中にの段）

と記すほど、暑さ対策に苦心していました。それでも、貴族の邸宅の敷地の過半を占める庭園には大きな人工の池があり、水面を渡る涼やかな風が建物の中まで届くようにされていたのです。

さらに、この暑さを少しでも和らげようと、王朝人は室内にも工夫を凝らしました。それは、初夏を迎える四月一日（現在の五月一日）になると、室礼《しつらい》（インテリア）も夏用に改める更衣《ころもがえ》を行ったことです。

平安時代の更衣

「寝殿造《しんでんづくり》」という様式で建築された貴族の邸宅は、壁の使用が極めて少なく、間仕切りは壁代《かべしろ》や御簾《みす》などの障壁具で行われる開放的なものでした。

この二つは、一年を通じて柱と柱のあいだに重ねて垂れ下げましたが、絹で製される壁代は夏季には言葉の響きも涼やかな「生絹《すずし》（近代では「きぎぬ」と称す）」をはじめ、羅《ら》・紗《しゃ》・縠《こめ》など透明感ある素材に取り替え、涼しさを演出しました。

このような更衣の習慣は京町

家においても継承され、夏になると暑苦しい襖《ふすま》や障子などの建具を取り払い、簾戸《すど》や御簾を用いて、「夏座敷」の装いを施しました。

簾戸は「夏障子」「御簾戸《みすど》」「葦戸《よしど》」などとも呼ばれ、萩・葦・竹ひごなど自然素材を組み込んだ建具で、夏の強い日差しを遮り、風通しも良くする優れものです。簾戸や御簾は室内から外はハッキリと見えるのですが、その逆はあまり見えないのです。室内の様子が見えないなんて、心憎い仕掛けですね。

今では、空調設備が整い、更衣期に建具を取り替えるなんて、大袈裟なと思われるかもしれませんが、簾戸や御簾の透けた感じが、なんとも涼しげなのです。

空調設備だけでは味わうことのできない見た目の涼しさが、暑い京都の夏を乗り越えさせてくれているのかもしれませんね。

Column

平安時代の障壁具

壁代

御簾の内側に掛けられる帳《とばり》で、夏季には生絹などに白泥《はくでい》秋草など、冬季は練絹に朽木《くちき》形の文様が描かれています。一幅ごとに垂らした野筋《のすじ》と呼ばれる長紐を結んで巻き上げます。

御簾

細く削った竹を編んだスダレのことで、周囲は萌《もえ》黄《ぎ》（葱の萌え出る色を連想させる青と黄色の間の色）地に、窠紋《かもん》（瓜の輪切り、あるいは、鳥の巣を図案化した文様）を黒く染め抜いた縁をわたし、上部には通常、萌黄地に窠《か》に臥蝶《ふせちょう》を黒く染め抜いた帽額《もこう》を引きわたします。四季を通じて使用されます。

『枕草子』香炉峰の雪の段、唐の詩人白居易が詠んだ「香爐峰雪撥簾看（香爐峰の雪は簾をかかげてみる）」をまねて、清少納言は御簾を巻き上げたのでした。

簾戸

41 月を愛で雅楽の音に遊ぶ

暑い夏が終わり、虫の音とともに秋の気配が感じられるようになると、夜空に浮かぶ月も輝きを増してきます。

その清《さや》かな月明かりのもと、平安時代の宮廷では、旧暦八月一五日に「月見の宴」が催されるようになりました。「月見の宴」の習慣は中国・唐から伝わったもので、寛平九年（八五七）からは年中行事ともなり、『栄花物語』月の宴の巻には、康保三年（九六六）、清涼殿で行われた月見の宴において、詩歌管絃の遊びが行われたと記されています。

「詩歌管絃の遊び」とは、平安貴族たちが必須の教養としてたしなんだ漢詩や和歌を詠み、雅楽を奏《かな》でることでした。遊びといいながら、かなりの修練を要するものばかりですね。

雅楽の修練は雅楽寮《うたまいのつかさ》（大宝律令に定められた雅楽演奏家の育成機関）の専門家を師と仰いで行われ、その結果、敦実《あつみ》親王（宇多天皇の皇子。八九三〜九六七年）、源博雅《みなもとのひろまさ》（醍醐天皇の孫。九一八〜九八〇年）や源雅信《みなもとのまさのぶ》（宇多天皇の孫で朗詠の祖。九二〇〜九九三年）など、玄人はだしの名手が出現しました。

雅楽の楽器のなかでも龍笛《りゅうてき》（横笛《おうてき》ともいう）は大変、愛好され、『枕草子』にも、「笛の中では、横笛がすばらしい。遠くから聞こえてくる横笛の音《ね》も、だんだん遠ざかる音色も、そして、聞こえるか、聞こえないかぐらいのかすかな音色も、どれも魅力的である」と絶賛されています。確かに音色も素晴らしいのですが、演奏している姿も絵になる美しさです。

『源氏物語』鈴虫の巻には、冷泉院（先帝・冷泉帝の邸宅）で催された月見の宴に、光源氏と夕霧の父子をはじめ、若い公達《きんだち》らが参席したこと、また『源氏物語絵巻』鈴虫・二段には、横笛を奏でる凛とした夕霧の姿があります。

月明かりの冴え渡る秋の夜長に、遠音《とおね》する笛の音《ね》は、さぞ風流な趣きであったと想像されます。

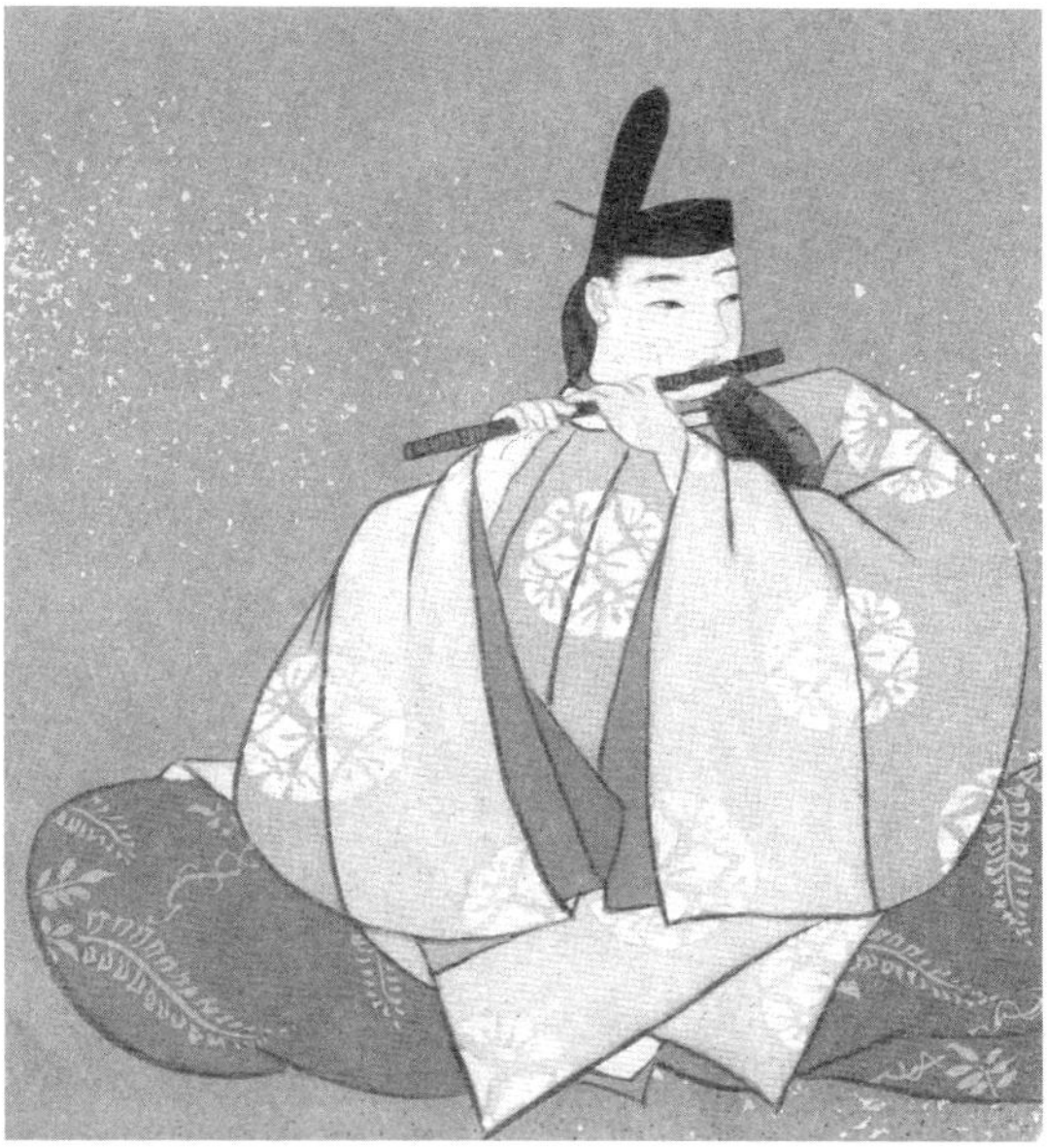

龍笛を奏でる公達

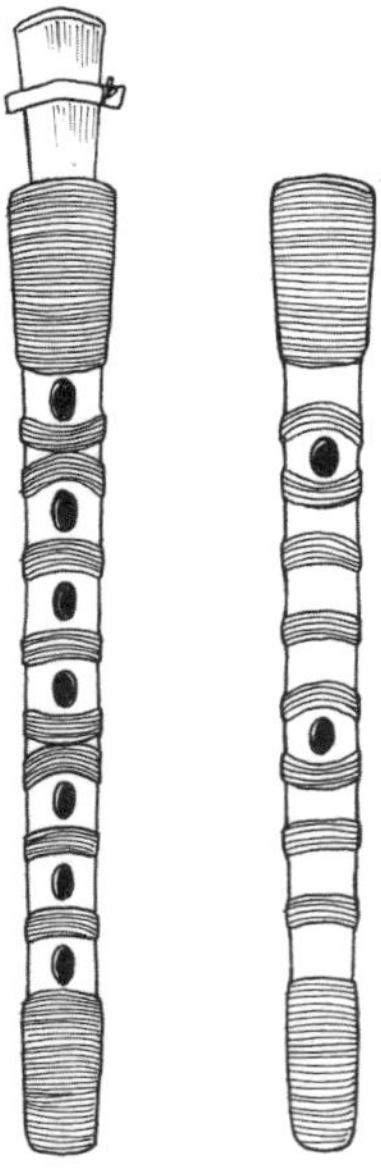

篳篥

楽太鼓

龍笛（横笛）

さらに、龍笛は『更級日記』に、「秋には月が明るく照り輝き、空に少し霧がかかっていても、月は手にとるばかりにはっきりと、澄みわたっている。風の音、虫の声、秋の風情、すべてがそろっているように感じられる時は、箏を掻き鳴らし、横笛が吹かれると、秋のほうが春よりも良いように思われる」と、月夜の情景に箏と龍笛はピッタリあっていると語っています。

仲秋の名月の夜、お月見団子を食べるのもいいですが、平安時代にタイムスリップして、雅楽の音色を聴いてみませんか。

時空を超えた遙かな調べは、王朝人の世界へ誘ってくれるはずです。

Column

雅楽が聴ける観月の夕べ

下鴨神社（名月管絃祭）　正式名称は賀茂御祖《みおや》神社。午後五時半から。抹茶席は有料。（左京区下鴨泉川町）

八坂神社（祇園社観月祭）　午後七時から。拝観自由。（東山区祇園町北側）

平野神社（名月祭）　午後六時半から。抹茶席は有料。（北区平野宮本町）

42 歌舞伎発祥・京都で歌舞伎を観る

鴨川に架かる四条大橋のたもとに、歌舞伎の祖といわれる出雲の阿国のブロンズ像が建っています。

『歌舞伎図巻』(徳川美術館蔵)から抜け出たような、男髷《おとこまげ》に男装の見事な「傾《かぶ》き者ファッション」で身を包んだ阿国は、笛や鼓・太鼓などの拍子に乗って「かぶき踊り」を繰り広げたのでした。ブロンズ像の台座に「都に来たりて、その踊りを披露し都人を酔わせる」と刻されていますが、踊りの技量はいうまでもなく、意表を突く異装のパフォーマンスは、都人を大いに驚かせ、酔わせたに違いありません。

さて、歌舞伎発祥の地である京都には、慶長年間(一五九六〜一六一五年)に端を発する日本最古の劇場「南座」があります。その頃、四条河原には西座、北座など七座の芝居小屋があって歌舞伎芝居で賑わっていたようですが、今では南座だけとなってしまいました。

歌舞伎の芝居小屋には舞台を中心として、さまざまな仕掛けが施されています。舞台に向かって左側(下手《しもて》)から客席を縦断する花道、また、セリ、スッポンなどの昇降装置、回り舞台などがありますが、どれも人力で動かしていたのですから、裏方の苦労は並大抵のものではなかったでしょう。

現在、セリと回り舞台はどの劇場にもみられますが、他の二つ――花道とスッポンは歌舞伎特有のもので、その装置を最大限に活用した演出がなされています。

たとえば、花道では、歌舞伎十八番のひとつ「勧進帳」の幕切れ、義経一行が弁慶の機転によって安宅《あたか》の関を無事に通過したことを見定め、弁慶が片手を大きく振って、勢いよく足を踏みしめながら歩く「飛び六方」で、一行を追いかけて行くさまは圧巻です。

出雲の阿国のブロンズ像

さらに、花道の舞台近くにある「スッポン」と呼ばれる小さなセリは、役者が忽然と現れたり、かき消えたりするときに用いられるもので、役者が登場する際、最初に頭や首から見える様子がスッポンの首を連想させることから名づけられたそうです。幽霊や妖怪変化《へんげ》など、この世のものではないものが出入りする面白い仕掛けです。

さらに、歌舞伎のもっともダイナミックな演出は、役者が宙《ちゅう》を舞う「宙乗り」ではないで

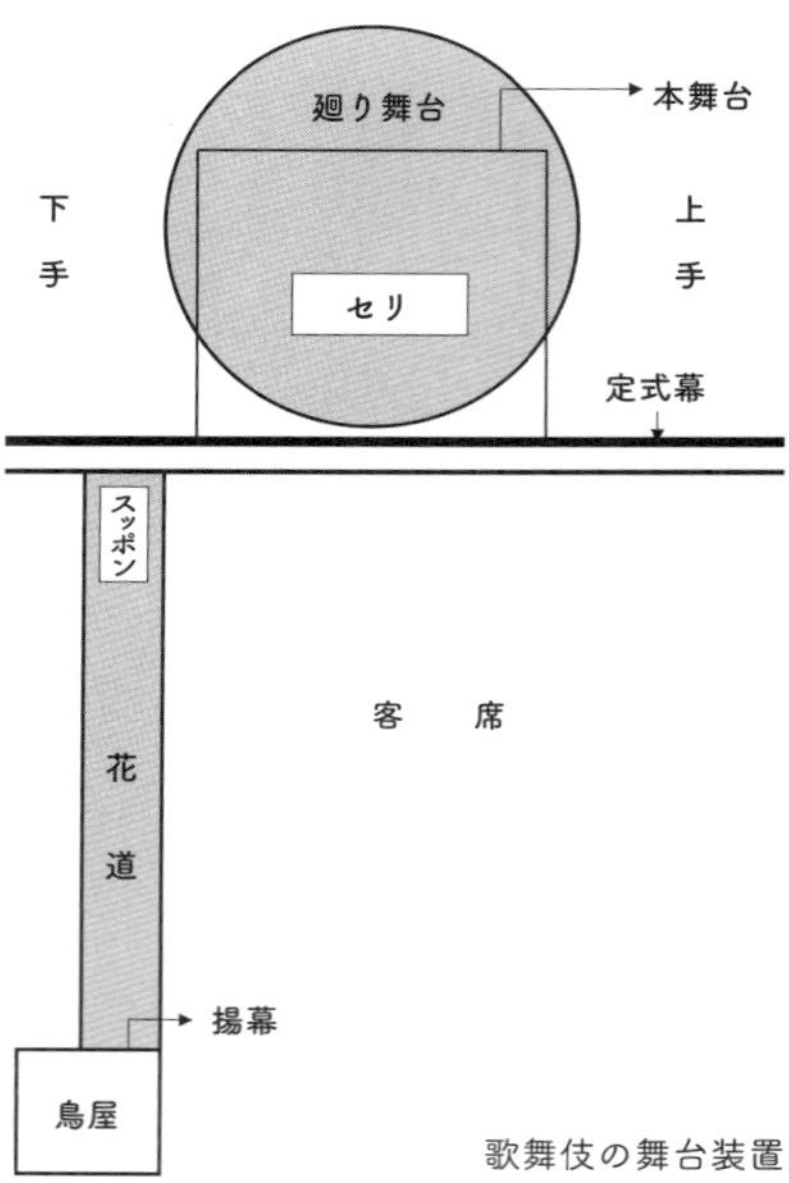

歌舞伎の舞台装置

しょうか。この斬新な演出を最初に始めたのは初代市川團十郎（一六六〇〜一七〇四年）で、元禄一三年（一七〇〇）、『大日本鉄界仙人』の曽我五郎役がもっとも古い記録として残されています。

現在はワイヤーを用いて身体を吊り上げ、安全性が図られていますが、当時は綱しかありませんから、役者にとっては命がけの演技だったことはいうまでもありません。現に、幕末、大人気を博した美貌の女形・三代目澤村田之助（一八四五〜一八七八年）は宙乗りの最中に落下し、大怪我を負い、役者生命を縮めました。

その後、次第に外連味《けれんみ》を帯びた演出は排斥され、明治以降は行われなくなりました。しかし、昭和四三年（一九六八）、三代目市川猿之助（現・二代目猿翁丈）が『義経千本桜』の「四の切」の段で復活させ、歌舞伎界に新風を吹き込みました。

今では、いろいろな芝居で「宙乗り」が活用されていますが、江戸時代の観客も、きっと拍手喝采をおくったことでしょう。

これらの舞台装置や演出が、江戸時代に生まれたって信じられますか。歌舞伎は元祖エンターテイメントですね。

Column

南座のまねき

南座は京都市東山区四条大和大路西入ルにある劇場で、昭和四年（一九〇六）、五階建ての鉄骨鉄筋コンクリート造りに建てかえられましたが、正面は唐破風など桃山時代様式を取り入れた、重厚な外観を呈しています。建物は国の登録有形文化財に指定されています。

毎年一一月末から一ヶ月間の「吉例顔見世興行」は、京都人に年の瀬を感じさせるものとなっています。南座正面玄関の上に掲げられる「まねき」と呼ぶ、顔見世興行に出演する役者名を記した白木の名札は、京の冬の風物詩ともなっています。

南座のまねき

43 比叡山――借景と見立ての妙

京都盆地の東には比叡山、西には愛宕山《あたご》がそびえています。比叡山は滋賀県大津市西部と京都市北東部にまたがる山嶺で、東山三十六峰のもっとも北に位置し、南端の稲荷山（伏見稲荷）までの山並みは「ふとん着て　寝たる姿や　東山」と詠まれるほど、なだらかな稜線を描いています。

比叡山は美しい三角形の外観から「都富士」とも呼ばれ、平安時代末期、天台座主を四度も勤めた慈円（慈鎮和尚《じちんかしょう》）ともいい、歌人としても有名。一一五五～一二二五年）は、「世の中に山てふ山は　多かれど　山とは比叡の　御山《みやま》をぞいふ」と崇めて詠んだほど、都人に賞賛されました。

この美しさに惹かれ、後水尾上皇（一五九六～一六八〇年）は比叡山を取り込んだ山荘を築きました。現在、円通寺というお寺になっている幡枝《はたえだ》御殿の枯山水庭園は創建当時そのままといわれ、大小四〇個あまりの庭石は上皇みずから配置を指示したと伝えられています。

この庭園の木立の隙間から比叡山が遠くに望めるのですが、このような造園法を借景《しゃっけい》とい

『都名所図会』比叡山

鴨川デルタから望む比叡山遠景

います。借景とは庭園の外にある遠山や樹木を、その庭のものであるかのように利用する造園法のことで、借景という語の初見は、中国・明代（一七世紀半ば）の庭園書『園冶《えんや》』です。

この文献が日本に伝来し、借景という造園法が用いられるようになるのは、江戸時代中期以降と考えられます。上皇が『園冶』を読んでいたかどうかは不明ですが、もし、そうでなかったとしたら、上皇の造園アイデアには斬新なものがありますね。

さて、比叡山の美に魅入られたかのように、承応四年（一六五五）三月一三日、上皇は比叡山麓・修学院の地に雄大な山荘（のちの修学院離宮。一六五九年完成）の造営に取りかかります。

比叡山は幡枝御殿では借景としましたが、修学院の山荘では日本一の山・富士山に見立て、自ずから設計図を作成し、雛型を作って構想を練り、一木一草、一石にいたる配置まで指示したそうです。

比叡山麓の傾斜地（高低差約四〇メートル）を利用した山荘のもっとも高い位置からは、遠くは愛宕山までが望める大パノラマが広がるのですから、上皇の造園センスには本当に脱帽ですね。

「比叡山を借景にする」ことも、「比叡山を富士山に見立てる」ことも、どちらも素晴らしい造園法ですが、現代人には到底、マネができません。

せめて、都人が愛する比叡山を高野川と賀茂川が合流する賀茂川デルタから眺望豊かに眺め、河川敷から東山三十六峰との連なりを鑑賞してみるのも一興ではないでしょうか。

Column

修学院離宮と円通寺

修学院離宮

左京区修学院藪添町にある後水尾天皇が造営した山荘。上皇崩御後、主要な建築物は失われ、光格上皇（一七七九〜一八一七年）の行幸に際して、徳川家斉（一七七三〜一八四一年）が大修理、復興しました。総面積約五四万五千平方メートル（そのうち、庭園地区約八万六千平方メートル、樹林地区約三万八千平方メートル、棚田約八万平方メートル）の敷地を有しています。

円通寺

左京区岩倉幡枝町にある臨済宗妙心寺派に属する寺院。修学院離宮の造営にともない、近衛家に譲渡されました。延宝六年（一六七八）、霊元天皇の乳母であった圓光院殿瑞雲文英尼大師が開基となって、寺に改められました。比叡山を借景に取り込んだ庭園は国の名勝に指定されています。

44 坂本龍馬――幕末のスーパーヒーロー

憂国の想いに熱い血をたぎらせた勤王の志士たちの多くは、日本の夜明けをみることなく命を落としました。その一人、坂本龍馬（一八三六～一八六七年）は慶応三年（一八六七）、滞在していた近江屋（中京区河原町蛸薬師）の二階で、三一歳の若さで凶刃に倒れましたが、明治時代半ばまでは、それほど注目される存在ではありませんでした。

ところが、明治三七年（一九〇四）四月一三日の『時事新報』に掲載された、とある記事から大きくクローズアップされることになるのです。その内容は日露戦争開戦前夜（二月六日）、照憲皇太后の夢枕に龍馬が立ち、

「私の魂は、わが国の海軍に宿り、忠義の心があって勇敢な、正義の心があって節操がある、そのような日本の軍人たちを守る覚悟であります」

と告げ、その言葉通りに日本海軍はバルチック艦隊を破ったといいます。

その後、龍馬は次第に認識されるようになり、生まれ故郷高知・桂浜に悠然と太平洋の彼方を望んで立つ、総高一五メートルもの巨大なブロンズ像（本山白雲作。一九二八年）が建立さ

れました。ちなみに、ともに暗殺された中岡慎太郎のブロンズ像（本山白雲作。一九三五年）は室戸岬に建立されました。

海援隊を組織した龍馬は「海軍の創始者」、陸援隊を組織した慎太郎は「陸軍の創始者」とみなされ、第二次世界大戦中の金属供出を免れて、建立当時のままの姿で、今に伝わっています。

さて、暗殺の地・京都でも龍馬はすこぶる人気があり、時代祭（一〇月二二日に行われる平

円山公園、坂本龍馬・中岡慎太郎のブロンズ像

伏見港公園、坂本龍馬とお龍のブロンズ像

安神宮の祭礼）の「幕末志士列」に登場すると、期せずして拍手が沸き上がります。そして、寺田屋や池田屋など龍馬ゆかりの地をはじめ、いくつかあるブロンズ像も龍馬ファンには見逃せないスポットとして人気を誇っています。

たとえば、桜の名所である円山公園（東山区円山町）の中には、直立する龍馬と傍らにひざまずく慎太郎の二人像があります。龍馬の身長は五尺八寸（一七六センチメートル）とされ、慎太郎はそれよりも長身であったため、このようなポーズになったといわれています。

両人に武市半平太、吉村寅太郎を加えた「土佐四天王」のブロンズ像は、もとは中京区木屋町通蛸薬師下ル下樵木町の土佐藩邸跡にありましたが、再開発のため、嵐山に移転されました。

このほかにも、伏見港公園（伏見区表町）には、寺田屋襲撃で負傷した右手を癒すために、この地からご両人――龍馬とお龍が長崎・霧島に旅立った姿を象った「龍馬とお龍、愛の旅路像」があり、これが日本初の新婚旅行ともいわれています。

龍馬人気を不動のものにしたのは、昭和三八年（一九六三）に連載がはじまった司馬遼太郎の長編小説『竜馬がゆく』の影響があるといえます。

そこには、剣術（北辰一刀流免許皆伝）に長け、先見の明もあり、自由闊達で、誰からも好かれるスーパー・ヒーローでありながら、母親代わりの姉・乙女にはぞっこん頼り切っている、そんな人間味あふれる龍馬像が描かれ、大龍馬ブームが到来したのです。

龍馬人気のみなもとは、その人間性と日本人に流れる判官贔屓のＤＮＡでしょうか。

Column

龍馬ファン必見

霊山《りょうぜん》護国神社

東山区清閑寺霊山町にある明治元年（一八六八）に創建された招魂社で、坂本龍馬のほか中岡慎太郎、頼三樹三郎、梅田雲浜、吉村寅太郎、久坂玄瑞、高杉晋作ら、幕末勤王の志士たちを祭神としています。毎年、龍馬の誕生日であり命日である一一月一五日には「龍馬祭」が斎行され、多くの龍馬ファンで賑わいます。神社の隣には坂本龍馬と中岡慎太郎の遺骨が眠る霊山墓地があり、他の志士たちの招魂碑もあります。

幕末維新ミュージアム霊山歴史館

昭和四五年（一九七〇）、全国初の幕末・明治維新の歴史を専門に伝える博物館として会館しました。坂本龍馬、中岡慎太郎、西郷隆盛、木戸孝允、高杉晋作ら勤王の志士たちの遺品のほか、新撰組、徳川慶喜、松平容保など幕府派に関する資料も所蔵されています（東山区清閑寺霊山町）。

45 ぶらり京都御苑

南北朝から明治二年（一八七二）まで内裏《だいり》（禁裏《きんり》）と呼ばれた京都御所（一八五五年に造営）は、歴代の天皇が住まいし、儀式や政《まつりごと》を執り行っていました。

その周辺には、豊臣秀吉の大規模な京都改造によって移住させられた公家たちの屋敷が立ち並び、その数は江戸時代には二〇〇ほどにも達していました。

公家屋敷は家格によって敷地面積に差異があり、五摂家のひとつ九条家は一万坪を有する大邸宅でしたが、下級公家の岩倉具視（一八二五〜一八八三年）邸は禁裏から遠く離れた位置にある小さな屋敷でした。

これら禁裏を取り巻くように建設された宮邸や公家屋敷は、明治二年（一八六九）、明治天皇に従って、ほとんどの公家が東京に移住したため空き家となってしまうのです。

同一〇年（一八七七）、京都行幸の折に、この荒廃の有様を目にし憂慮した明治天皇は、京都府に御所保存・旧慣維持を命じました。ただちに京都府は、禁裏にある紫宸殿、清涼殿、飛《ひ》香舎《ぎょうしゃ》などの建物を守る火除け地とすべく、空き家となった公家屋敷を撤去し、整備にとりかかったのです。

これが、京都御苑の始まりといわれ、今では緑豊かな公園となり、市民の憩いの場となっています。京都人は御苑も含めて「御所」と呼んでいます。

さらに、同一六年（一八八三）一月、「まさに狐兎の栖《すみか》ならん」と嘆いた岩倉具視は「京都皇宮保存に関する建議」を提出し、一四項目の具体案を提出しました。

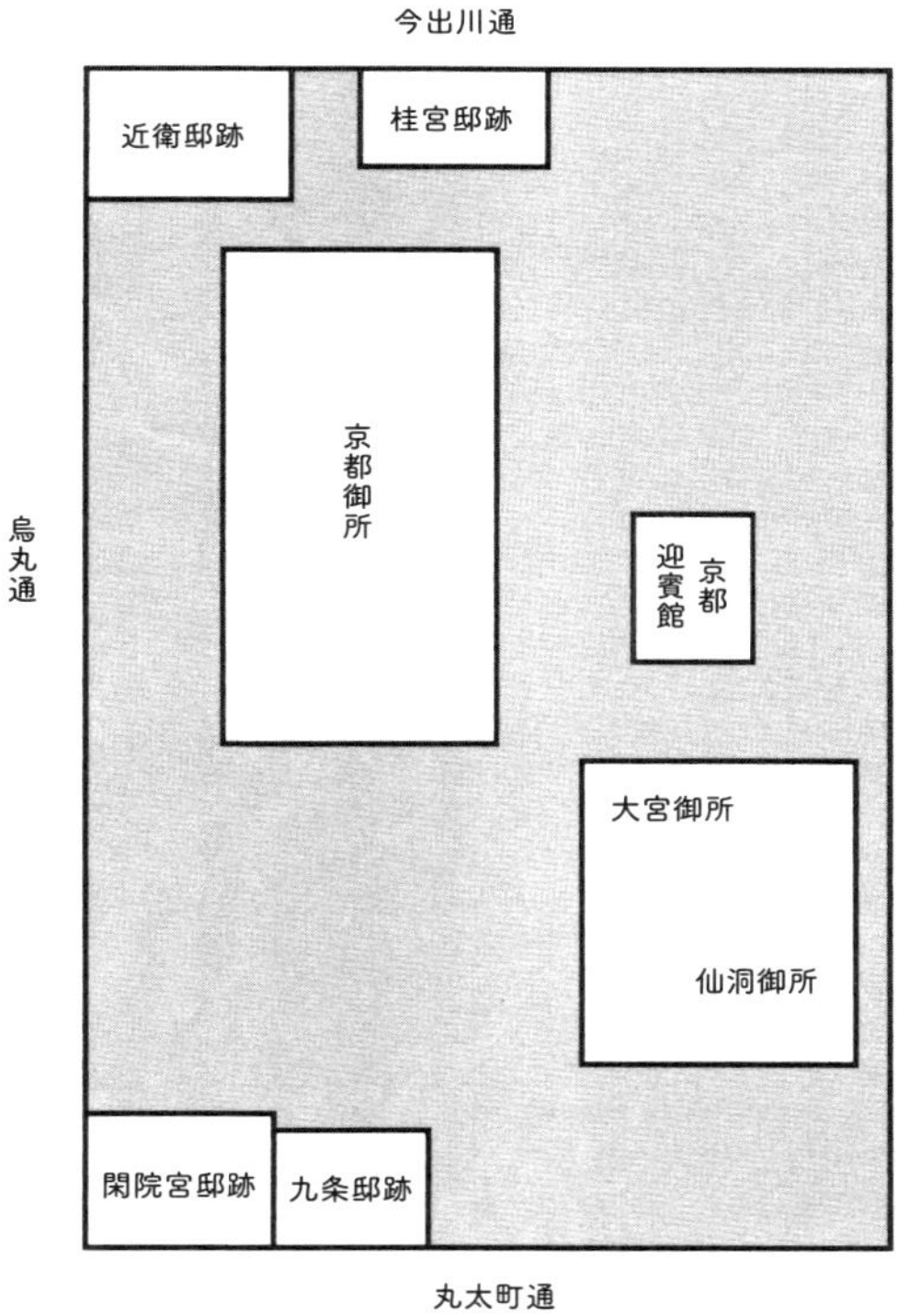

京都御苑見取り図

そのなかで、まず第一にあげているのは、「三大礼執行ノ事」、つまり、即位、大嘗会《だいじょうえ》、立后《りっこう》の三つの天皇の儀礼を京都で行うことでした。

実際、平成二年

（一九九〇）の即位の礼に際しても、紫宸殿に置かれている高御座《たかみくら》（即位などの大礼に用いる玉座《ぎょくざ》）を皇居に移送して執行されたのでした。この建議がなければ、大正天皇・昭和天皇の即位の礼は東京で行われていたと考えられます。

また、公家出身の岩倉は平安時代以来の宮廷行事の保存にも関心を寄せ、賀茂祭（葵祭）・石清水祭・白馬節会《あおうまのせちえ》の再興も願っていました。けれども、千年の都・京都の衰退を押し止め、その復興を願う意気込みも空しく、建議の半年後に岩倉はこの世を去ったのです。

しかし、明治維新後、すべてが欧風化する風潮のなか、平安京以来の環境保全を目指した岩倉具視の建議によって、今の京都があるといっても過言ではないでしょう。

京都御苑の遺構

閑院宮《かんいんのみや》邸跡

閑院宮載仁《ことひと》親王（一八六五～一九四五年）が、明治一〇年（一八七七）に東京に移住するまで住んでいた邸宅で、建物の一部は京都御苑の自然や歴史を学べる展示室となってい

Column

ます。

桂宮邸跡

築地塀と勅使門、表門が残されていますが、邸宅部分は二条城に移築され本丸御殿になっています。公武合体により徳川一四代将軍家茂に降嫁した皇女和宮は、ここから江戸へ旅立ったそうです。

九条邸跡

江戸後期の建築である遺構茶室である拾翠亭が残されています。一般公開されているだけでなく、茶会などにも貸し出されています。邸内にあった九条家の鎮守社・厳島神社は通称「池の弁天さん」と呼ばれ、唐破風形の鳥居は京都三珍鳥居のひとつです（重要美術品）。

九条家の鎮守社・厳島神社の鳥居

鳥居本幸代（とりいもと・ゆきよ）
一九五三年生まれ。同志社女子大学家政学部卒業。京都女子大学大学院修了、家政学修士。
神戸女子短期大学助教授・姫路短期大学助教授・姫路工業大学環境人間学部助教授・京都ノートルダム女子大学生活福祉文化学部教授を経て、現在は、ノートルダム女子大学名誉教授。
著書に、『平安朝のファッション文化』『精進料理と日本人』『雅楽――時空を超えた遙かな調べ』『千年の都　平安京のくらし』『和食に恋して――和食文化考』『京都人にも教えたい　京都百景』（春秋社）など。

京都人のたしなみ

二〇一九年二月二〇日　第一刷発行

著者　鳥居本幸代
発行者　神田　明
発行所　株式会社　春秋社
〒一〇一-〇〇二一
東京都千代田区外神田二-一八-六
電話（〇三）三二五五-九六一一
振替〇〇一八〇-六-二四八六一
http://www.shunjusha.co.jp/
印刷所　萩原印刷株式会社
ブックデザイン　野津明子
定価はカバー等に表示してあります。

ISBN978-4-393-48228-5

◆鳥居本幸代の本◆

京都人にも教えたい　京都百景

生粋の京都人が案内する極めつきの京都。文学、史実、伝承などをもとに名所旧跡や風俗、自然にまつわる歴史や文化を紹介し、約70の場所を巡る。毎月巡れるお勧めコース・地図付き。　1700円

和食に恋して　和食文化考

和食の起源から様々な和食の料理、「会席料理」と「懐石料理」の違い、「精進料理」のこと、和食のマナーなど、和食の全てが分かる本。これであなたも和食のオーソリティ。　2000円

平安朝のファッション文化

服飾に反映された平安朝の時代精神を、女流文学や絵巻物等から読み解く。平易で簡潔な文章と広汎な事例を配し、平安文学を読み解くためのハンドブックとしても最適な一冊。　2500円

千年の都　平安京のくらし

1200年前の京都はどのような都で、人々はどのように暮らしていたか。平安京の町並みから貴族の生活に至るまで、図版と事例を用いて平易に解説する平安時代がわかる一冊。　2500円

雅楽　時空を超えた遙かな調べ

あの光源氏も親しんだという「雅楽」の世界とは。奈良の出自から平安王朝文化の最盛期をへて、現代に至るまでの来歴をたどりつつ、その魅力を余すところなく語る。　2500円

※価格は税別